사랑아
　　사랑아

여수룬의 간증

사랑아 사랑아

좋은땅

프롤로그

바람이 지나간 자리에 사랑이 머물렀다.
그 사랑은 말없이 다가와 나를 부드럽게 흔들었고
나는 울지도 못한 채
오랫동안 눌러 두었던 이름을 속으로 불렀다.

사랑아, 사랑아—

이름도 얼굴도 없이 흘러가버린 그때의 시간 속에서
너는 내 상처 속에 씨앗처럼 심겨 있었다.

나는 그 사랑을 몰랐다.
눈을 감아야만 보이는 빛
무릎 꿇어야 들리는 음성
부서진 마음이 열려야 스며드는 은혜.

그리고 이제야 나는 안다.
그 모든 고통과 침묵
눈물과 기다림은
사랑이라는 이름으로 나를 감싸기 위한 길이었다는 것을….

이 책은 그 사랑을 목말라하는 어느 이름 없는 자를 보듬으신 '하나님'의 이야기이다.

차례

프롤로그 · 4

1장. 사랑아 사랑아

1-1. 풀피리의 진동 · 10

1-2. 타는 목마름 · 16

1-3. '고향'이라는 단어 · 22

1-4. 내가 너를 사랑하노라 · 42

1-5. 아픈 사랑 · 66

1-6. 여수룬이여, 너는 행복한 사람이로다 · 70

2장. 나의 병, 주의 손

2-1. 건강검진 · 76

2-2. B대학병원에서 · 81

2-3. 부신경절종 · 88

2-4. 수술실에서의 기도 · 93

2-5. 잃어버린 시간 · 101

2-6. '생'과 '사'를 넘나드는 기도 · 104

2-7. 모든 영광을 주님께, 오직 주님께! · 122

3장. 신실하신 하나님 (J의 공기업 합격기)

3-1. J의 목표와 대응	-130
3-2. K회사 시험과 선포기도	-132
3-3. 선포기도의 결과	-137
3-4. 절망 끝에서 솟아난 희망	-141
3-5. 신실하신 하나님	-145
3-6. 오직 하나님께 영광	-152

4장. 벼랑 끝의 찬양

4-1. 걱정근심 덩어리	-158
4-2. 찬양의 힘	-162

5장. 자연 찬양대

5-1. 만물이 주를 찬양	-168

6장. 어느 노숙인과의 만남

6-1. 어느 노숙인과의 만남	-176
6-2. 성령님의 말씀	-183

7장. M의 시편

주님 전상서 - 188

기도 - 191

주님, 당신은 - 193

붙드시는 사랑 - 196

성령 - 198

에덴 - 199

당신의 나라 - 201

이슬비 기도 - 203

그리움 - 205

순백의 영혼 - 207

고백 - 209

감사와 사랑 - 210

한 줌의 흙 - 212

따르리 - 214

이것이 '나의 시편'입니다 - 216

에필로그 - 218

1장.
사랑아 사랑아

1-1. 풀피리의 진동

1

해가 산등성이 너머로 서서히 몸을 기울인다.
산의 윤곽은 금빛 테두리를 두른 채 마지막 숨을 고르고, 붉은 물감을 가득 풀어놓은 듯 하늘은 서서히 타오른다.
그 붉음 속에는 낮 동안 품었던 모든 열기와 이야기들이 서서히 풀려나오는 듯하다.
바람은 아주 가볍게, 그러나 분명히 빛을 실어 나른다.
그 빛은 세상의 가장자리를 부드럽게 어루만진다.
하루의 끝자락에서 빛과 어둠이 서로를 끌어안는 그 조화는 마치 오래 떨어져 있던 어떤 이들이 다시 만난 듯 절묘하다.

그 찰나의 경계에서 지게 하나가 풀섶을 헤치며 천천히 모습을 드러낸다.
숨이 가빠져 목구멍이 타들어 가는 그는 가까스로 산 중턱에 다다라 거름더미 한 바지게를 밭 귀퉁이에 쏟아 놓는다.
허리에 매달린 무게가 풀리자 온몸의 힘줄이 풀썩 꺾인다.
하루 종일 지게에 짓눌렸던 등이 타는 듯 뻐근하고, 굽은 등줄기에는 땀과 먼지가 뒤엉켜 굳은살처럼 딱딱하게 들러붙어 있다.
그 위로 해질 무렵의 차가운 바람이 스치며 소금기 어린 땀 냄새를 가른다.
다리가 후들거린다.

중심이 흐트러진다.
그래도 오늘 하루를 잘 지탱해 준 고마운 다리다.

그가 지게를 천천히 내려놓는다.
풀밭 위에 몸을 덜렁 눕히자 세상에 더 바랄 것이 없는 편안함이 스며든다.
심장이 천천히 진정되면서 귀 안쪽까지 맥박 소리가 들려온다.
그러자 풀잎 끝에 매달린 이슬 한 방울이 등을 타고 올라오는 듯한 서늘한 감촉이 척추를 훑는다.
눈이 번쩍 뜨이고 정신이 또렷해진다.
깊게 숨을 내쉰다.
"휴우—."
긴 한숨이 마른 입술을 스쳐 나간다.

팔을 괴고 하늘을 올려다본다.
눈앞의 하늘이 휘황찬란하다.
서쪽 끝은 피를 토하듯 붉게 번지고 동녘마저 그 빛에 물들어 조금씩 뜨거워진다.
그것은 마치 고흐의 붓이 거친 숨을 몰아쉬며 격정과 광기를 동시에 쏟아 부은 듯한 강렬함이다.

'하늘, 몸살하는가?'

그는 속으로 중얼거리며 한동안 말없이 그 광경을 경이롭게 바라본다.

오늘 하루도 묵묵히 자신과 함께 있어 준 고마운 하늘이다.
그러나 그 하늘마저 이제는 떠나가야 한다.
오늘의 저 해는 내 마음을 얼마나 알고 가는 것일까?

"안녕, 잘 가."

마음속 아주 깊은 곳에서 낮고 조용한 목소리가 작별을 건넨다.
내일은 또 다른 해가 떠올라 또 다른 이야기를 써 내려갈 것이다.
그 이야기가 어떤 빛깔일지, 오늘보다 더 나은 하루가 될 수 있을지 아무도 모른다.
그저, 숙명처럼 다가오는 내일을 담담히 맞이할 뿐이다.
풀잎 하나를 집어 든다.
입술에 댄 순간, 삘리리— 하고 노을빛을 머금은 풀피리가 떨린다.
부르르—.
진동이 입술과 잇몸을 스치며 번져 간다.
소리는 작지만 그 안에는 조용한 고백이 스며 있고, 한 줌의 생명을 불어넣는 듯한 연약한 숨결이 깃들어 있다.
누구에게도 보여 줄 수 없고, 누구도 알 수 없는 내면의 울음 같은 소리다.

그때, 건너편 언덕배기에서 성당 종각이 울린다.
딩— 딩—.
낮은 울림이 공기를 타고 땅과 하늘 사이를 가로지른다.
마치 누군가 보이지 않는 실로 저녁을 엮어내는 듯하다.

집집마다 부엌 굴뚝에서 저녁연기가 피어오른다.
그 연기 냄새 속에는 된장의 구수함, 밥 짓는 고소함, 그리고 땅의 습기가 함께 묻어난다.
노을과 종소리와 밥 짓는 연기, 그 속에 자신을 밀어 넣으면 이 세상에서 가장 고요하고도 웅장한 만종이다.
M은 하루 중 이때가 가장 좋다.
아무 말 없이 스며드는 경이로움, 설명할 수 없는 그만의 세계, 하늘이 들려주는 환상의 노래가 마음 깊이 내려앉는 시간이다.

2

산허리에서 내려다본 마을은 평화롭다.
산이 병풍처럼 포근히 마을을 감싸고, 바다는 오늘따라 잔잔하여 거울처럼 매끈하다.
녹색 들판은 넓게 펼쳐져 마치 잘 다듬어진 멍석처럼 깔려 있고, 그 위에는 이웃사촌들이 옹기종기 모여 있다.
그중 한 채의 집이 유독 눈길을 끈다.
그 집 굴뚝에서도 흰 연기가 똑같이 피어오르고 있다.
그런데, 그 집을 보는 순간 그의 눈동자에 얇은 파문이 번진다.

아뿔싸, 늦었다.

손에 쥔 풀잎이 미세하게 떨린다.

내면 깊은 곳에 감추어 두었던, 그러나 결코 사라지지 않는 무언가가 슬그머니 고개를 든다.
"우에에엑—."
복통이 비수처럼 복부를 파고든다.
몸이 반으로 꺾인다.
숨이 막히고, 가슴 한복판이 벌겋게 달아오른다.

석양은 이제 마지막 숨을 고르고 있다.
곧 그 모습이 완전히 사라질 것이다.
빛이 물러나고, 어둠이 모든 것을 덮기 시작하면… 그는 저 집으로 가야 한다.
발을 들이는 순간 공기는 족쇄처럼 온몸을 옥죌 것이다.
파공음이 살벌한 저주가 되어 심장을 정통으로 찌르며 살을 도려내고 뼈를 깎아내듯 무자비하게 파고들 것이다.

그가 할 수 있는 것은 침묵뿐이다.
침묵만이 그의 마지막 방패다.
입가에 스친 그늘진 미소가 씁쓸하다.

그래,
오늘도 심장이 도려져야 하루가 끝날 것이야.
가자.
들려도 못 들은 척, 보여도 못 본 척, 말할 수 있어도 말 못 하는 척하자.

귀도, 눈도, 입도 닫아 버리자.
그러면 어둠이 모든 것을 감춰 줄 것이야.
감춰야만 버틸 수 있어.

그는 그렇게 믿었다.
아니, 그렇게 믿어야만 했다.
발소리도, 숨소리도 지워야 했다.
어떤 일이 벌어져도 견뎌야 했다.

그가 일어선다.
다시 지게를 등에 걸친다.
허공 속으로 몸을 던진다.
풀피리는 이미 바닥에 떨어져 아주 작은 떨림으로 그의 마지막을 배웅하고 있다.
그리고 그는, 오늘도 늘 그랬듯, 그렇게 자신을 다독이며 한 걸음씩 밭을 내려가기 시작한다.

1-2. 타는 목마름

1

집 문턱을 넘는 순간 보이지 않는 손이 발목을 낚아챈다.
마치 기다렸다는 듯 피할 수가 없다.
그것은 단순한 것이 아니다.
거스를 수 없는 운명의 기류가 이미 오래전부터 여기에 소용돌이를 만들어 놓았다.
문풍지 너머에서 기척을 기다리던 고성이 그의 발소리를 정확히 알아챈다.
숨소리마저 얇아진다.

순간, 욕설이 불꽃처럼 허공을 가른다.
그 불꽃은 귀를 찢고 피부를 날카롭게 파고든다.
살 속을 스치며 뼛속까지 얼게 하는 공포가 공기를 찢는다.
쿵, 쿵, 쿵—.
무겁고 일정한 발소리.
그 발걸음은 분노한 짐승이 덤벼드는 굉음이다.
짐승의 숨결이 코끝에 닿는 듯 피부가 곤두선다.
심장이 오그라들며 발목에서부터 서서히 식어간다.

본능처럼 앞고름을 움켜쥔다.
천 조각 하나로 무엇을 막을 수 있을까?
그러나 천 조각이라도, 그 얇은 틈이라도, 조금이라도 몸을 움츠릴 수 있다면 그걸 붙잡는다.
그것이 마지막 남은 본능이다.
손끝이 떨린다.
공포가 살 속을 비집고, 절망이 폐 속의 공기마저 얼어붙게 한다.
몸이 서서히 돌처럼 굳어간다.
유년의 어깨로는 감당할 수 없는 거대한 분노의 쓰나미가 밀려온다.

무엇을 잘못했을까?
아무리 생각해도 모르겠다.
저녁 시간에 늦었기 때문일까?
아닐 것이다.
일부러 늦은 것도 아니지 않은가.

변명조차 허락되지 않는 침묵 속에서 그는 움직이지 않는다.
고개를 푹 숙인다.
신발 앞코만 바라본다.
폭풍이 지나가기만을 기다린다.
입술은 안으로 말려 들어가듯 굳게 닫히고, 꽉 다문 이 사이로 쓴맛이 스며든다.
울지 않겠다는 맹세, 그것이 마지막 남은 자존의 울타리다.

눈물 한 방울이라도 보이면 그 울타리는 무너진다.

말—.
칼보다도 날카롭다.
혀끝마다 독이 묻어 있다.
모욕과 저주의 말들이 살을 뚫고, 핏줄을 타고, 뼛속까지 아리게 스며든다.
눈에 보이지 않는 칼날이 한마디 한마디에 숨어 있다.

한바탕 소동이 끝난다.
거짓말처럼 조용해진다.
마치 아무 일도 없었던 듯…
하지만 숨 쉬기조차 힘든 긴장이 공기 속에 스며 있다.
그 침묵조차 견뎌야 한다.

숨소리를 감추며 발뒤꿈치를 들고 조심조심 집 밖으로 빠져나온다.
온몸의 근육을 죄어 단 한 줄기의 소리도 흘리지 않으려 한다.
숨마저 죽인다.
어디로 가는지도 모른다.
어디든 상관없다.
숨을 수 있는 곳이라면 그곳이 곧 낙원이다.
집은—, 숨도 쉴 수 없는 감옥.
단 하루만이라도 조용히 지나갈 수 있다면, 그런 하루가 주어진다면, 그 이후에는 어떤 고통도 견딜 수 있을 것만 같다.

마음이 바람에 날리는 먼지처럼 흩날린다.
그러나 그 흩날림 속에는 꺾이지 않는 간절함이 있다.
그는 다시 어둠 속을 걷는다.
아무도 없는 길.
아무도 보지 못하고 아무도 묻지 못하도록 그저 그림자처럼 배회한다.

밤은 유일한 피난처, 가장 따뜻한 안식처다.
묻지 않는다.
따지지도 않는다.
그저 묵묵히 받아 준다.
침묵해 준다.
그 조용하고 깊은 어둠은 누구에게도 들키지 않도록 상처를 감싸 숨겨 준다.

웃음은?
사라진 지 오래다.
말로 다 할 수 없는 상처가 날마다 조금씩 더 깊게 패이고 쌓인다.
마음 둘 곳을 잃은 아이에게 혼자라는 것은 더 이상 고통이 아니다.
오히려 세상의 빛이 모두 사라진 그 순간, 숨을 쉴 수 있다.

그러면 그럴수록
'나도 사랑받고 싶다.'는 갈망이 더 치열하게 타오른다.
속이 타고 목이 마르다.

가슴이 갈증으로 멍들어 간다.
누군가 단 한 번만이라도 "사랑해."라고 말해 준다면,
아니, 사랑하는 듯한 시늉만이라도 해 준다면 그것만으로도 더 이상 바랄 것이 없을 것 같다.

그러나 그것은 끝내 이루어지지 않는 소망.
대신, 침묵이 찾아온다.
고통의 얼굴을 한 침묵은 더 깊다.
누구에게도 꺼내놓을 수 없는 아픔은 '외로움'이라는 이름으로, '고독'이라는 그림자로 전신을 감싼다.
그 고독은 살을 찌르고 뼈를 파고드는 날 선 추위다.

2

가슴 한가운데가 텅 빈다.
그 빈자리에 한겨울 매서운 눈보라가 휘몰아친다.
차가운 회오리바람이 그 속을 할퀴고 지나갈 때마다 뼛속까지 얼어붙는다.
그냥, 아무도 모르게 와장창 부서져서 얼음 조각처럼 사라질 수는 없을까?
아침 햇살 속 먼지처럼 흩어져 버릴 수는 없을까?
다시는 이런 삶을 견디지 않아도 된다면 오히려 그 편이 더 낫지 않을까?

말문이 완전히 닫힌다.
아버지의 고함에도, 어머니의 다그침에도 입은 열리지 않는다.

외면하는 얼굴에 차가운 무표정이 내려앉는다.
사람들은 그를 냉소적인 아이로 기억한다.
세상은 점점 더 그를 외면하고 그 차가움은 또 다른 냉대를 불러온다.

하지만 괜찮다.
어차피 당하게 되어 있는 일이라면 열 번이든 백 번이든 무슨 상관이랴.
다그칠수록 마음을 더 깊은 곳에 숨긴다.
아무도 닿을 수 없는 아주 깊고 어두운 동굴.

그곳에서 그는 조용히 타오르고 있다.
누구보다도 사랑을 갈망하지만 끝내 사랑이 닿지 않는 자리에서 타는 목마름을 묵묵히 견디고 있다.

1-3. '고향'이라는 단어

1

M이 태어난 곳은 마치 세상의 끝자락, 지도 위에서도 손끝이 닿기 어려운 모서리에 걸린 작은 섬마을이다.
그 마을의 끝은 곧 절벽이고, 그 절벽 너머에는 바다뿐이다.
바다는 매일 빛깔을 바꾸며 숨 쉬고, 그 숨결이 마을의 모든 생명을 감싸 안는다.

들과 밭은 계절마다 옷을 갈아입는다.
봄이면 들판마다 하얀 찔레꽃이 눈부시게 피어나고, 아침마다 이슬이 꽃잎 위에 맺혀 작은 보석처럼 반짝인다.
이슬방울이 햇살에 부서질 때 그 빛은 하늘과 땅을 잇는 가느다란 다리처럼 보인다.
여름이면 바람 속에 벼 이삭이 고개를 숙이며 바다의 파도처럼 일렁인다.
가을에는 황금빛이 마을을 덮고, 벼 냄새 속에 섞인 흙향이 코끝을 간질인다.
겨울이면 바람이 칼처럼 매서워지고, 바다의 숨소리마저 한층 거칠어진다.
하늘과 바람, 흙과 물이 서로 은밀히 대화를 나누는 듯한 그곳에서, 모든 생명은 자연이 들려주는 리듬에 맞춰 살아 움직인다.

지금은 반듯하게 뻗은 아스팔트길이 육지와 마을을 곧장 잇지만, M의 어린 시절 그 마을은 세상과 두터운 막으로 분리된 듯 고립되어 있었다.
세상과 이어 주는 유일한 길은 바다였다.
그러나 그마저도 날씨가 험해져 연락선이 끊기면 섬은 하루아침에 세상에서 완전히 사라진 듯 고요해졌다.
그러면 마을은 숨을 죽이고, 파도 소리만이 그 고립을 증명했다.

읍내에 나가려면 먼 길을 가야 했다.
낡은 버스를 타고 덜컹거리는 차체 속에서 몸을 이리저리 흔들리며 한 시간을 달려야 했다.
창밖으로는 논과 밭이 끝없이 이어졌고, 간간이 소의 울음소리와 개 짖는 소리가 들판의 적막을 깨뜨렸다.
버스가 지나가면 자갈과 흙으로 된 신작로 위에 먼지가 구름처럼 피어올랐다.
그 먼지는 서서히 내려앉아 사람들의 옷과 머리카락, 그리고 폐 속까지 스며들었다.
마을 사람들은 그 먼지를 들이마시며 살았고, 그 냄새와 감촉은 삶의 일부가 되어 버렸다.

M은 바로 그 흙먼지 속에서 태어났다.
그 먼지가 그의 첫 울음과 함께 폐 속 깊이 스며들었고, 그의 어린 시절을 감싸는 또 하나의 공기였다.
바다 냄새와 흙먼지 냄새, 갓 벤 풀 향기와 젖은 흙 내음이 뒤섞인 공기 속에서 그는 자랐다.

그 시절, 마을에는 전기가 없었다.
해가 지면 빛은 서서히 물러났고, 저녁노을의 붉은 기운이 사라지면 밤은 생각보다 훨씬 빠르게 찾아왔다.
하늘에 별이 하나 둘 박히기 시작하는 순간 마을은 이미 거대한 어둠 속에 잠겨 있었다.
그리고 어둠이 완전히 내려앉으면 세상은 숨을 멈춘 듯 고요해졌다.
바람 소리조차 가끔은 멎어 마치 시간마저 흐르지 않는 것 같았다.

호롱불이 꺼진 작은 골방은 단숨에 칠흑 같은 암흑에 잠겼다.
눈앞에서 손을 흔들어 보아도 아무것도 보이지 않았다.
앞, 옆, 뒤—모든 방향이 같은 무채색의 심연이 되어 자신을 삼켰다.
완전한 암흑.
그러나 그 어둠은 이상하게도 두렵지 않았다.

그것은 오히려 해방이었다.
낮 동안 자신을 따라다니던 수많은 시선과 표정, 말과 기척—그 모든 것들이 어둠 속에서 흔적 없이 사라졌다.
사람들의 차가운 말, 무심하게 스치는 손길, 눈을 피하며 건네는 외면….
그 모든 것들이 더 이상 자신을 찾지 못했다.
어둠은 그 순간만큼은 M을 세상과 완벽하게 분리시켰다.

작은 골방,

굳게 닫힌 문,

그리고 고요히 잠긴 밤.

그 정적 속에서 그는 숨을 죽였다.

혹시 어딘가에 누군가가 있다 해도 지금 이 순간만큼은 그 누구도 자신을 발견하지 못할 것이다.

존재가 희미해지는 감각—마치 이 세상에서 완전히 사라져 버린 것 같은 그 무(無)의 시간이 이상하게도 마음을 위로했다.

빛보다 어둠을 더 사랑하게 된 것은 아마 그때부터였는지도 모른다.

보이지 않으면 상처받지 않고, 들키지 않으면 다치지 않았다.

어둠은 가장 안전한 피난처였다.

그 속에서 자신을 감추었고, 동시에 자신만의 작은 세계를 만들었다.

빛이 드러내는 모든 것들을 어둠은 가려 주고, 덮어 주고, 감싸 주었다.

어둠 속에서만 온전한 숨이 존재하고 있었다.

2

M의 아버지는 지역유지였다.

동네의 중요한 일이라면 크고 작은 것을 막론하고 그의 결정이 필요했다.

학교 운영방향조차 그의 한마디에 따라 달라졌고, 사람들은 그를 '촌장'이나 다름없는 존재로 여겼다.

동네사람들은

"그래도 그 양반이 있기에 마을이 굴러가지."
하고 말하곤 했다.
그 말에는 존경과 의존이 묘하게 뒤섞여 있었다.

어머니는 여덟 아이를 훌륭히 키운 공로로 '장한 어머니상'을 여러 차례 받았다.
행사날이면 어머니의 이름이 불리고, 사람들의 박수가 쏟아졌다.
그 박수 속에서 가족은 마을의 모범이자 자랑이었다.
겉으로 보기에 그들은 흔들림 없는 집안을 이루고 있었고, 사람들은 그들을 우러러보았다.

그러나 집 문을 넘는 순간, 그 빛나는 외피는 거짓말처럼 벗겨졌다.
집 안은 마치 햇살이 닿지 않는 지하 깊숙한 곳 같았다.
공기는 무겁게 눌려 있었으며, 숨을 쉬는 것조차 조심스러웠다.

시대의 혼란과 전쟁의 상처는 아버지의 마음에 깊이 남아 있었다.
현실과 이상 사이를 오가며 그는 불안정해졌고, 농사도 상업도 그의 성미와 맞지 않았다.
점점 예민해진 그는 날이 갈수록 날카로워졌다.
생계를 유지하기 위해 몸을 쓰고 머리를 굴려야 하는 날들이 이어졌고, 그 막막함은 인내심을 서서히 깎아냈다.
마침내 참아내지 못한 감정은 분노로 변했고, 그 분노는 집 안으로 향했다.

말의 폭풍이 방 안을 휘감았다.
고함이 터지면 그 뒤를 따라 고통의 울음소리가 이어졌다.
누구도 그것을 막을 수 없었다.
그 분노의 절정기에 M이 태어났다.
그 광풍은 갓 기어 다니는 아이에게까지 미쳤다.

이유는 중요하지 않았다.
그저 거기에 있다는 사실만으로 표적이 되었다.
아무런 힘도 없는 존재에게 감당할 수 없는 무게의 말과 손길이 날마다 쏟아졌다.
작은 몸은 소리 내어 울 수도 없었다.
대신 숨을 죽이고, 기척을 지우며, 그림자마저 감추는 법을 배웠다.

어머니도 달라졌다.
웃음은 사라지고, 얼굴에는 날이 갈수록 수심이 드리웠다.
입술은 굳게 다물려 있었고, 말수는 줄었으며, 눈빛은 공허하게 멀어졌다.
삶의 무게와 남편의 분노에 지쳐 있던 그녀는 의도치 않게 M에게 날이 선 말과 냉정한 시선을 흘려보냈다.
그 시선은 단순한 피로가 아니라 마음속 깊이 쌓인 절망과 체념이 스며든 것이었다.
그리하여 아버지와 어머니—모두가 M을 향해 화풀이의 방향을 틀어 놓았다.

M의 눈에 비친 어머니의 뒷모습은 언제나 서늘했다.
어깨 위에는 무겁고 차가운 무언가가 내려앉아 있었고, 그녀의 걸음에는 숨겨진 피로가 묻어났다.
고개를 돌려 외면하는 순간의 그 침묵은 말보다 훨씬 서늘했다.
그 침묵은 고함보다 오래 남아 마음속에 박혔다.
그 장면은 세월이 흘러 지금도 변하지 않는, 정지된 그림처럼 남아 있다.

이유는 끝내 알 수 없었다.
왜 유독 자신에게만 화살이 향했는지, 왜 손가락질은 한결같이 그를 가리켰는지, 왜 존재 자체가 죄인처럼 느껴져야 했는지는 설명되지 않았다.
다만 분명한 것은 '저주 없는 날'이 단 하루도 없었다는 사실이다.
그것이 가장 고통스러운 진실이었다.

그러나,
그 모든 것은 결국 하나님의 은혜였으니….

3

농어촌의 밤은 도시와 다르다.
어둠은 하루의 끝을 알리는 종결이 아니라 모든 것을 집어삼키는 시작이다.
해가 산마루 너머로 사라지면 마을은 숨을 죽인 듯 고요해진다.
멀리서 들리던 아이들의 웃음소리, 개 짖는 소리, 닭 우는 소리가 희미하게 이어지다가 곧 하나씩 사라져 간다.
소리들은 마치 자발적으로 귀를 닫고 어둠에게 자리를 내어 주는 듯하다.
그 순간 세상은 자신이 있어야 할 자리를 잃어버린다.

어둠은 빠르고 단호하게 세상을 덮는다.
달빛조차 구름에 숨어 있으면 세상은 더 깊은 어둠 속으로 가라앉는다.
빛은 퇴장했고, 소리는 물러났으며, 생의 움직임조차 정지된 듯하다.
마을의 작은 골목길은 검게 잠기고, 가옥의 문마다 새어 나오던 불빛은 하나 둘 꺼지며 완전한 침묵의 바다를 이룬다.

그 고요한 밤을 틈타 M은 몰래 집을 빠져나온다.
발뒤꿈치를 들어 바닥이 삐걱거리지 않도록, 숨소리마저 누르듯이, 그림자조차 남기지 않으려 조심스레 걷는다.
그 발걸음은 결코 들켜서는 안 되는 자신과의 은밀한 약속이다.
집의 문턱을 넘어서는 순간 작은 탈출이 시작된다.

그가 향하는 곳은 바닷가 끝자락의 몽돌밭이다.
아무도 오지 않고, 아무도 찾지 않는, 숨겨진 비밀의 장소.
몽돌 위에 누우면 차가운 냉기가 등을 타고 스며드는데 그 냉기야말로 오히려 위로였다.
그곳은 무겁게 눌러오던 세상의 무게에서 벗어나 있었다.
그 누구의 고함도, 시선도, 말없는 외면도 도달하지 못하는 세계.

어둠은 결코 그를 외면하지 않았다.
세상은 그를 보지 못했고, 듣지 않았으며, 알고 싶어 하지 않았다.
그러나 어둠만은 끝까지 남아 그의 몸과 마음을 감싸며 누구에게도 침범 당하지 않도록 지켜 주었다.
말로 다 하지 못하는 고통, 헐떡이는 숨결, 들키지 않는 눈물, 가슴속에서 치밀다 지쳐 버린 분노와 비명―모두가 밤의 품속으로 빨려 들어갔다.
세상의 누구도 듣지 못하고 누구도 알지 못하는 시간.
그렇게 그는 어둠에 천천히 녹아들었다.

4

까마득히 펼쳐진 밤하늘에는 별이 가득하다.
별들은 하나의 군락처럼 몰려 있으면서 저마다의 자리에서 은빛으로 고요히 떨고 있다.
그는 별들을 하나하나 더듬으며 이름을 불러 본다.
북극성, 북두칠성, 카시오페아, 오리온….
갑자기 유성 하나가 하늘을 가르며 질주한다.
그 빛의 궤적은 짧으면서도 강렬하다.

혹시 하늘은
말도 없고 눈물도 없는 나날 속에서
저 별빛으로 무언가를 속삭이고 있는 것일까?

그가 여전히 별들을 올려다보고 있을 때 발밑으로 잔잔한 파도가 밀려온다.
태평양 저편 어디선가에서 쉴 곳을 찾지 못해 이 먼 땅까지 떠밀려온 듯한 파도다.
긴 여정 끝에 도달한 파도는 지쳐 있는 듯 M의 발끝에 닿았다가 스르르 물러난다.
그리고 다시 다가온다.
그의 눈에 그 파도는 더 이상 단순한 물결이 아니다.
쉬지 못하고 흘러온 그는 마치 자신과 닮은 어떤 존재처럼 느껴진다.

그는 파도를 바라보며 문득 연민 같은 감정을 느낀다.
동병상련이라 해야 할까?
그 마음으로 조심스레 말을 건넨다.

"내 옆에 와서 누울래?"
파도가 낮고 잔잔한 소리로 답한다.
"아니, 내가 쉬고 싶은 곳은 따로 있어."
"그곳이 어디인데?"
"심연골짜기야. 아주 깊고, 아주 추운 곳."

그 말이 낯설면서도 이상하게 익숙하다.
'심연골짜기'라는 말 속에는 오래 묻어 두었던 감정의 그림자가 섞여 있다.
'아주 깊고, 아주 춥다.'는 말이 오래된 무언가를 건드린다.

묘한 동질감이 스며든다.
다시 묻는다.

"혹시 그곳이… 네가 쉴 수 있는 유일한 곳이니?"
"그래."

단호한 대답이 돌아온다.
그 순간 가슴 한편이 저릿하게 찡해진다.
동시에 호기심이 인다.

'그 심연이라는 골짜기는 어디쯤일까?
어쩌면 내가 한 번도 들여다보지 못한 어떤 감정의 가장 깊은 바닥일까?'

문득 닿은 파도의 손끝이 차갑다.
그 차가움에 마음 깊은 곳이 송곳처럼 일어난다.
생각이 이어진다.
'정말 그곳은 얼음처럼 깊고 차가운 곳일까?
그렇다면 지금 내가 있는 이곳과 그곳 중 어느 쪽이 더 추울까?'
조심스럽게 묻는다.

"나도 같이 갈 수 있겠니?"
"아니…."
"왜?"

"……."
"딱 한 번만, 딱 한 번만 가 보자."

그러나 더 이상 대답은 돌아오지 않는다.
대신 긴 한숨처럼 지친 소리만 '쏴아—.' 하고 밤공기를 스쳐 흐른다.
그 소리는 파도의 체념이자 은밀한 비밀을 지키려는 단호한 거절이었다.

아마도 그곳은 누구에게도 들키고 싶지 않은 파도 혼자만의 은밀한 쉼터일 것이다.
그 심연의 이름을 가진 골짜기는 끝내 파도만의 세계로 남는다.

5

겨울방학 어느 날 저녁, 해는 이미 뒷산 너머로 넘어갔다.
공기는 매섭게 차갑고, 먼 산자락에서는 어둠이 서서히 밀려든다.
바람은 뺨을 베듯 스치며 지나가고, 나무 그림자들은 길게 늘어져 서로의 몸을 집어삼킨다.
대지는 아직도 낮의 기운을 품고 있지만 그 따스함은 빠르게 식어가며 밤의 날카로운 냉기에 자리를 내어 준다.

M은 산에서 힘겹게 짊어지고 온 나뭇단을 마당 한편에 내려놓는다.
등허리가 휘청이며 바닥으로 쏟아지는 묵직한 소리에 공기가 잠시 갈라진다.

긴장이 풀리자 "휴우—." 길고 깊은 한숨이 저절로 터져 나온다.

그 순간,

'툭—.'

등줄기에서 무언가가 나뭇단과 함께 내려앉는 듯한 착각이 스친다.

몸이 본능적으로 경직된다.

겨울은 땔감 없이는 견디기 어려운 계절이다.

나무는 단순한 연료가 아니라 가족의 숨통이었고, 차가운 공기를 막아내는 마지막 보루였다.

불길이 꺼지면 집안은 곧장 얼음굴이 되고, 숨결조차 흰 성에가 되어 얼어붙는다.

그렇기에 겨울이 시작되면 가족 모두는 매일 산으로 향해야 했다.

새벽 어스름에 나무를 하고, 묶음을 등에 지고 미끄러운 산길을 내려오는 일—. 그것은 선택이 아니라 생존이었다.

얼굴을 손등으로 훔치며 주위를 둘러보던 M은 막내 남동생이 아직 돌아오지 않았음을 깨닫는다.

낮에 따로 나무를 하러 간 동생이다.

잠시 걱정이 스쳐 지나간다.

'왜 늦지?'

그러나 자신도 방금 막 산을 내려온 참이었다.

온몸의 힘은 빠져나가고, 심장은 헐떡이며 숨을 고르고 있었다.

손끝은 이미 얼어붙어 감각이 무뎌졌고, 어깨에는 나뭇단의 무게가 아직도 남아 있었다.
지금은 그저 잠시라도 쉬고 싶었다.

'곧 오겠지.
언제나 늦어도 결국엔 돌아왔어.
그러니 오늘도 그럴 것이야.'

그렇게 마음을 내려놓으려는 찰나—.

"동생 마중 안 나가?!"
"@#₩%&*&%#@%₩#&&%#@☆*"

어머니의 고함이 마당을 찢는다.
고막이 저려오는 날카로운 외침은 겨울 공기를 쇠망치로 내리친 것처럼 울려 퍼진다.
그 소리는 분노이자 재촉이었고, 동시에 명령이었다.
순간, M의 몸이 용수철처럼 튕겨 오른다.
망설일 틈이 없다.
어머니의 저주품은 분노는 이미 임계점에 다다라 있었다.
조금이라도 늦으면 그 화살은 더 큰 상처가 되어 날아올 것이 분명했다.
한순간이라도 빨리 집을 벗어나는 것, 그것만이 유일한 방법이었다.

그가 산 어귀에 닿을 무렵 밤은 이미 시작되고 있었다.

산자락엔 짙은 그림자가 내려앉아 형체만 드러낼 뿐 길은 희미하게 번진다.
바람은 나뭇가지 사이를 파고들며 서걱거리고, 산의 어둠은 빠른 속도로 모든 것을 삼켜 들어간다.

'벌써 집에 왔겠네.'
혼잣말처럼 중얼거린다.

어두운 산 속에 누가 남아 있을 리 없다는 것을 그 역시 잘 알고 있었다.
그러나 발걸음은 멈추지 않고 점점 더 산 속을 향한다.
그 발걸음을 정당화하려고 마음속으로 핑계를 세운다.

'아니야.
아직 산속에 있을 거야.
짐이 무거워서 늦는 걸지도 몰라.
혹시 발을 삐었을 수도 있어.'

하지만 진실은 달랐다.
동생을 찾으려는 것이 아니었다.
그저 어머니의 고함과 분노의 눈빛에서 벗어나고 싶었던 것이다.
아무도 부르지 않고, 아무도 찾지 않는 공간으로 숨어들고 싶은 것이다.

산길이 점점 거칠어진다.
흙은 얼어붙어 딱딱하고, 돌부리가 도처에 드러나 발목을 위협한다.

숨은 가빠지고, 땀은 두터운 옷 속에서 차갑게 식으며 몸을 조인다.
한기가 땀과 섞여 얼굴을 스치며 그 차가움이 뼛속까지 파고든다.
귓가에서 바람이 속삭인다.
"왜 가는지… 너도 모르잖아."
그 목소리는 외부의 소리가 아니라 내면에서 스스로를 향해 날아온 말 같았다.

오르막 중턱에 이르자 두 갈래 길이 나타난다.
오른쪽은 완만하고 왼쪽은 가파르다.
'어느 길로 갔을까?'
잠시 생각하다가 입가에 쓴웃음이 번진다.
'어차피 동생을 찾으려는 게 아니잖아.'
내면을 들킨 듯 민망한 기색이 스며들면서 어둠 속에서 고개가 떨궈진다.
피식, 웃음이 새어 나온다.
이제 더 이상 망설일 이유가 없다.
자주 다니던 왼쪽, 더 험한 길로 발걸음이 향한다.
돌부리에 걸려 비틀거리기도 하고, 낙엽을 밟아 미끄러지기도 한다.
땀이 옷에 흥건히 배어들고, 호흡은 거칠게 끊어진다.
그러나 멈추지 않는다.
얼마를 더 올랐을까?
앞을 가로막는 거대한 소나무 그림자가 나타난다.
'아, 다 올라왔구나.'
그는 이마의 땀을 닦으며 잠시 숨을 고른다.

정상에 다다른 시야 너머, 산등성이가 연달아 이어지고 있다.
땔감을 하려면 몇 고개는 더 넘어야 한다.
그 길은 훨씬 더 험하고 위험하다.
절벽과 낭떠러지가 이어지는 길.
야밤에 무모한 도전이다.
그러나 그는 이미 들어가고 있었다.

산속의 풍경은 태초의 시간으로 거슬러 오른 듯하다.
바람은 안개처럼 출렁이며 흔들리고, 나무들은 검은 실루엣으로 하늘을 막아선다.
세상의 분노도, 질책도, 시선도 사라진다.
마치 땅은 혼돈하고 공허하며 흑암이 깊음 위에 있는 것 같다.
그 어지러움 속에 묘한 자유가 스며든다.
정적이 더욱 깊어지는 그 속에서 M은 처음으로 자기 존재를 또렷하게 느낀다.
자유의 숨결이 피부 아래로 깊숙이 스며든다.

마침내 산 깊은 골짜기 입구, 나무꾼들이 잠시 짐을 내려놓고 쉬어 가는 곳, 평평한 공터에 다다른다.
그는 한쪽 바위에 걸터앉아 가쁘게 오르내리는 숨을 고른다.
잠시 건너편 골짜기를 바라보지만 아무것도 보이지 않는다.
짙게 산을 감싸고 있는 어둠속으로 생명이 모두 숨어 버린 듯하다.
겨울바람이 옷깃을 파고들며 살갗을 찌르자 그 차가운 기운에 두 눈은 더욱 또렷해진다.

"야아아아—!"

두 손을 모아 입에 대고 목청껏 외친다.
그 소리는 골짜기 벽에 부딪혀 여러 겹으로 울려 돌아온다.
메아리는 처음에는 선명하게, 그러나 점차 옅어지더니 마침내 사라진다.
산은 다시 고요해진다.
어둠은 모든 소리를 삼키고 침묵만을 남긴다.
그러나 그 고요 속에서 산은 천천히 숨을 쉬기 시작한다.
들리지 않던 호흡이 땅과 나무를 통해 흘러나온다.
그 호흡의 한가운데를 은빛 달이 천천히 지나가고 있다.

6

10대 초반 무렵, M은 결국 집을 떠난다.
그러나 어쩌면 그 마음은 훨씬 더 오래전부터 떠나 있었는지도 모른다.
몸은 고향 지붕 아래 있었지만 마음은 이미 오래전에 담장을 넘고 골목을 돌아 산등성이 너머 어딘가 알 수 없는 먼 곳으로 흘러가 버렸다.
어린 시절부터 이어진 불안과 단절의 그림자는 그를 한 번도 집 안에 정착하게 두지 않았다.
집은 의무였고, 울타리는 감옥이었으며, '가족'이라는 말은 오히려 그를 더 고립시켰다.

'고향'이라는 단어는 어떤 이들에게는 눈 감으면 가장 먼저 떠오르는 따스한 불빛일 것이다.
그들에게 고향은 언제든 돌아갈 수 있는 안식처이며, 기억 속에서도 변치 않는 비밀스러운 품이다.
그러나 M에게는 언제나 아픈 말이었다.
그의 고향은 잠시 스쳐간 바람처럼 흔적 없이 흩어져 버렸거나, 불길처럼 번져 올랐다가 결국은 연기로 사라졌는지도 모른다.
다시는 붙잡을 수 없는 것, 다시는 돌아갈 수 없는 곳.
그는 태어나 단 한 번도 '고향'이라는 단어를 온전히 품어 본 적이 없다.
그의 기억 속 고향은 언제나 무너지고 있었고, 늘 불안정하게 흔들렸으며, 조금만 기댄다 해도 무너져 내릴 듯 위태로웠다.

비 내리는 날이면 그 상실은 더욱 뚜렷해졌다.
돌 틈마다 튀어 오르는 빗방울이 발끝을 적실 때면 마음 깊은 곳에서 어김없이 외로움이 스멀스멀 기어올랐다.
빗물은 냉혹한 현실처럼 끝없이 흘러내렸고, 그 물줄기 속에서 M은 더욱 작아졌다.
안개처럼 퍼지는 고독은 결코 형체를 드러내지 않았지만 언제나 제 몸을 감싸고 있었다.
계절을 가리지 않는 찬바람은 마치 주술처럼 그의 마음 한가운데를 훑고 지나갔다.
봄에도, 여름에도, 가을에도, 겨울에도, 그 바람은 결코 멈추지 않았다.

'집을 떠나면 나아지겠지.'

그는 그렇게 믿으려 했다.

떠나면 새로운 길이 열릴 것이고, 더 넓은 세상은 다를 것이라 기대했다.

그러나 그 기대는 오래가지 못했다.

발걸음이 닿는 곳마다 익숙한 그림자가 먼저 기다리고 있었고, 불안은 언제나 한발 앞서 있었다.

그의 가슴에 드리운 그림자는 결코 지워지지 않았다.

지독한 저주는 눈에 보이지 않는 족쇄처럼 늘 따라붙으며 어디서든 그를 옭아맸다.

떠남은 자유가 아니라 또 다른 유배였다.

세상은 그에게 안식처를 내어 주지 않았다.

길 위의 모든 풍경은 낯설었고, 모든 사람들의 시선은 차가웠다.

M은 그렇게 어린 나이에 이미 알게 되었다.

떠난다는 것은 곧 해방이 아니라 끝없는 방황의 시작이라는 것을.

1-4. 내가 너를 사랑하노라

1

바람이 불던 어느 날, 삶의 궤도를 송두리째 흔들어 놓는 한 장의 종이가 불현듯 날아든다.
'입영통지서.'
봉투 속에서 미끄러져 나온 얇은 종이는 한 인간의 세상을 단숨에 뒤바꿀 만큼의 무게를 지니고 있었다.
그것은 개인의 자유와 일상의 흐름, 그리고 가족의 품과 기억까지도 송두리째 잘라내는 칼날 같았다.

그는 그 종이를 조심스레 접어 부모님의 방 머리맡에 올려 두었다.
설명도, 작별 인사도, 감정의 흔적조차도 남기지 않은 채 그렇게 두는 것으로 모든 것을 마무리했다.
방안에 남겨진 것은 고요뿐이었다.
그 고요 속에서 이미 이별은 완성되어 있었다.
낡은 옷 몇 벌과 이름조차 붙이지 못한 마음 깊은 속내를 허름한 배낭에 넣고 그는 말없이 집을 나섰다.
발걸음은 담담하다 못해 무심했고, 미련도 아쉬움도 따라붙지 않았다.
오히려 오래전부터 예정된 길을 묵묵히 걷는 듯, 정해진 운명에 순응하는 자의 걸음이었다.

"뿌우웅—."

입영열차의 기적소리가 공기를 가르며 메아리친다.

울림은 쓸쓸했고, 철로 위로 번져가는 진동은 그가 뒤로 남기고 온 삶을 흔들어 흩뿌려 버린다.

차창 너머로 스쳐 가는 풍경이 점점 희미해지면서 그와 함께 그의 과거도 바람결에 흩날리듯 흔들린다.

그 순간부터 가족의 얼굴은 서서히 기억의 저편으로 밀려가 사라진다.

그는 그들의 이름을 다시는 불러내지 않는다.

가족에 관한 이야기는 마치 이미 세상을 떠난 이를 추모하듯 조용히 봉인된다.

남은 것은 오직 육신뿐이었다.

그 육신은 철조망과 규율로 둘러싸인 낯선 공간으로 들어간다.

군대라는 세계는 단절과 고립으로 둘러싸여 있었다.

바깥세상과 완전히 격리된 이곳의 하루는 정해진 명령과 규칙에 따라 반복된다.

누군가의 뜻이 아닌, 조직의 규범이 삶의 리듬을 결정한다.

그러나 그 안에는 뜻밖의 평온이 숨어 있었다.

모두가 똑같은 옷을 입고, 똑같은 구호에 맞춰 움직이며, 억압조차도 공평하게 나누어졌다.

특정한 누군가에게만 쏟아지는 불평등은 없었고, 고통조차도 집단의 몫으로 균등히 배분되었다.

그는 그 사실에 묘한 위안을 느낀다.

홀로 짊어지는 고통이 아니라 모두가 함께 견뎌내야 할 무게라는 점에서 이상한 안도감이 일어난다.

고통의 총량은 결코 줄지 않지만 그 고통이 분산되어 나뉘어지는 순간 마음은 의외의 평형을 찾는다.

'군대란… 이토록 평등한 곳일 수도 있구나.'

입대 전에 들었던 '지옥 같은 곳'이라는 말은 어쩌면 반만 맞았다.

확실히 자유는 제한되었고, 억압은 날마다 몸에 새겨졌다.

그러나 그 억압은 누구에게도 예외 없이 똑같이 주어졌다.

그 단조로운 반복 속에서 오히려 불공평하지 않은 세계가 펼쳐졌다.

그의 마음이 그 낯선 '공평함'에 조용히 반응한다.

그것은 인간적인 온정에서 비롯된 것이 아니었다.

철저히 비인격적이고 기계적인 질서 속에서 발견되는 묘한 평등이었다.

그러나 그 평등은 세상 어디에서도 경험하지 못했던 기묘한 평화의 형상을 그의 가슴 속에 새겨 넣었다.

그리하여 고립된 세계 한가운데서 그는 역설적으로 더 깊은 안식을 발견한다.

2

그러던 어느 날, 부대 안에 낯선 공기가 흘러든다.

신임 사령관의 단호한 목소리가 전 부대에 울려 퍼진다.

"모든 사병은 반드시 하나의 종교를 가져라."

명령은 단순했으나 파급력은 컸다.
그것은 마치 군복처럼 모든 병사의 정신 위에 일률적으로 입혀졌다.
누구도 예외가 없었다.
선택하지 않는다는 가능성은 존재하지 않았다.
마치 훈련병의 머리칼이 한날한시에 깎여 나가듯 종교라는 이름의 옷도 똑같이 주어졌다.
병사들은 각자의 방식으로 종교를 골랐다.
동기의 권유에 따르거나, 고참의 눈치를 보거나, 혹은 단순히 호기심에 따라 손을 들었다.

M 앞에도 권유는 밀물처럼 몰려왔다.
고참들의 말은 강요라기보다는 자연스러운 흐름처럼 그의 귀를 파고들었다.
그러나 그는 쉽사리 결정을 내리지 못한다.
어느 쪽을 선택하는 것이 나을까?
잠시 망설임 속에 머무른다.
그때였다.
머릿속 깊은 곳에서 잊힌 듯 가라앉아 있던 한 장면이 불쑥 떠오른다.

초등학교 2학년 무렵, 그 작은 시골 학교에는 교실이 부족했다.
그래서 평일마다 인근 성당이 교실을 내어 주었고, 아이들은 붉은 벽돌로

지어진 성당 안에서 국어와 산수를 배웠다.
높은 천장과 스테인드글라스는 어린 마음을 묘하게 차분하게 만들었다.
제단 앞에 작은 책상들이 가지런히 놓였고, 아이들은 그 앞에 앉아 덧셈과 뺄셈을 배우며 웃고 떠들었다.

그러나 M의 눈을 사로잡은 것은 교과서가 아니었다.
어느 쉬는 시간에 그는 창가에 비친 모자이크 그림을 오래도록 바라보았다.
색색의 유리조각들이 맞물려 하나의 장면을 이룬 그림은 낯설면서도 이상하게 끌리는 힘이 있었다.
그것은 예수의 일대기를 담은 그림이었다.
찢어진 듯한 유리조각들이 빛을 받아 반짝이며 슬픔과 고요가 동시에 깃든 장면을 만들어 내고 있었다.
어린 그는 그 의미를 알지 못했지만 설명할 수 없는 감정이 가슴 속으로 스며드는 것을 느꼈다.
어딘가 슬프면서도 묘하게도 아름다운 그 빛과 그림자는 말없이 그의 마음 깊은 곳에 자리를 잡았다.
세월이 흘러 군대에 선 지금, 그 잔상이 불현듯 되살아나 그의 선택을 이끌고 있었다.

3

사령관의 명령이 떨어진 뒤, 부대 안 교회는 갑자기 인파로 가득 찼다.
예배당은 발 디딜 틈이 없을 만큼 병사들로 붐볐다.

예배는 시끌벅적하게 흘러갔다.
대부분은 예배당에 제대로 들어가 앉지도 못했다.
그래도 최소한 얼굴 도장은 찍어야 한다는 분위기가 팽배했다.
예배당은 차분한 예배처가 아니라 소란스러운 집회장에 가까웠다.
군목은 몰려드는 병사들을 수습하느라 정신이 없었다.

이 어수선한 상황을 본 사령관의 마음이 편치 않았던 듯하다.
곧 부대 입구에 예배당 신축 공사가 시작되었다.
소문에 따르면 사령관은 독실한 기독교인이었고, 서울 강남의 큰 교회가 그의 요청에 따라 예배당을 새로 지어 주기로 했다고 한다.
사령관은 아마도 좁은 공간에서 밀려드는 병사들이 예배조차 드리지 못하는 현실을 더 이상 두고 볼 수 없었던 것 같았다.

공사는 놀랄 만큼 빠르게 진행되었다.
새로 지어지는 건물은 주변의 그 어떤 시설과도 비교할 수 없을 만큼 높고 웅장했다.
특히 건물 옆 언덕에 세워진 하얀 십자가가 눈길을 잡아끌었다.
그 높이는 건물과 거의 비슷했으며, 멀리서도 하얗게 드러났다.
그러나 그 모습은 차갑고 쓸쓸했다.
생기 없는 흰색, 건물 옥상도 아닌 길가에 덩그러니 세워진 그 십자가는 장엄하기보다 삭막해 보였다.
M은 그 십자가를 바라볼 때마다 속으로 중얼거렸다.

'참 멋도 없다.
차라리 붉은색으로 했더라면 조금은 덜 차갑게 보였을 텐데….'

하루에도 몇 번씩 그는 그 십자가 아래를 지나며 투덜거렸다.
그러나 그의 불평과는 상관없이 공사는 차질 없이 진행되었고, 마침내 마지막 타일이 제자리를 채우는 순간, 사령관과 군목의 얼굴에는 만족스러운 미소가 번졌다.
그들의 입꼬리는 귀에 걸릴 듯 환히 올라갔다.

이제 남은 것은 준공식뿐이다.
사령부는 모든 부대가 참여하라는 명령을 다시금 내렸다.
사령관의 마음이 크게 흡족한 듯 했다.
그리하여 온 부대는 준공식을 앞두고 분주히 움직이며 그날을 준비하고 있었다.

그러던 어느 날, 중대 안을 울리는 굵고 낮은 목소리가 공기를 찢는다.
"중대— 집하— 압!"

우렁찬 선임 하사관의 명령에 병사들은 일제히 자리를 박차고 일어나 1소대 내무반으로 모인다.
잠시 후, 뒷짐을 진 중대장이 천천히 들어선다.
특유의 헛기침이 울려 퍼지는 순간, 병사들의 시선이 일제히 그에게 꽂힌다.

작은 기침 소리 하나에도 공기의 흐름이 바뀌는 듯했다.

"조금 전에 하달된 사령관님의 명령을 전달하겠다."
순간, 내무반 안의 공기가 팽팽하게 긴장한다.
숨소리까지 죽이며 모두의 눈이 중대장을 향한다.

"예배당 준공식은 사정상 전 부대가 참여하는 것을 취소한다."

그 말을 듣는 순간 M의 입가에 얇은 미소가 스쳐 지나간다.
눈에 띄지 않게, 그러나 분명히 번진 미소였다.
속으로는 작게 웃음소리가 터져 나온다.
'ㅎㅎㅎ, 잘됐군.'

"대신, 1개 소대만 참여한다."

병사들의 가슴이 동시에 가벼워진다.
'옳거니!'
'단 1개 소대라니.'
마음속으로 모두가 같은 생각을 굴린다.
'우리 소대가 뽑힐 리가 없지.'
희미한 미소가 입가에 번지고, 고개들이 미묘하게 끄덕여진다.

'누군가는 고생 좀 하겠군.'

1장. 사랑아 사랑아

'우린 자유시간이다.'
비밀스러운 동지애 같은 웃음이 눈빛에 어른거린다.
내무반은 겉으로는 긴장된 듯 보이지만 속내는 해방감을 감추지 못한다.

중대장이 잠시 뜸을 들인다.
그의 입가에도 묘한 웃음기가 서려 있는 듯하다.

"준공식에 참여할 소대는… 에… 우리 2소대다."

"???"
"뭐라고?"
"아니, 우리잖아….''

순간, 공기가 얼어붙는다.
고개들이 동시에 2소대를 향해 돌아본다.
불길한 직감은 현실이 된다.
1소대도 아니고 3소대도 아닌, 바로 M이 속한 2소대였다.
중대장의 의도적인 선택임이 분명했다.
평소 앞서가기를 좋아하는 그의 성격상 분명히 자청하였을 것이다.
그 뒤에는 소대장의 결단도 숨어 있을 것이다.

M은 얼굴은 일그러지면서 억눌린 신음 같은 한숨이 목구멍을 맴돈다.
억울함이 목에 걸려 삼켜지지 않는다.

사랑아 사랑아

중대장의 의기양양한 표정이 더욱 뼈에 사무치듯 기분 나쁘다.

그러나 그는 알지 못했다.
이 불평과 억울함, 강제로 밀려든 선택이 바로 하나님의 부르심이라는 것을.

그것은 돌을 부수는 강풍도 아니었고, 땅을 흔드는 지진도 아니었다.
모든 것을 태워 버리는 불길도 아니었다.
그 부르심은 하루 일과처럼 조용히, 그러나 한 치의 어긋남도 없이 정확하게 그의 삶 속으로 파고들고 있었다.

4

드디어 준공식 날이다.
M의 소대는 예배당 앞 작은 공터에 일렬로 도열했다.
날카로운 긴장감이 공간을 무겁게 짓누른다.
하늘은 맑으나, 그 맑음조차 칼날 같은 날카로움으로 가슴을 누른다.
군복 깃 사이로 땀방울이 흘러내리고, 손가락 끝마저도 굳어 버린 듯 경직되어 있다.

"5분 휴식!"

예행연습이 끝나자 중대장의 구령이 공기를 쪼개듯 날아든다.

그 말이 떨어지자 줄에 선 병사들의 어깨가 눈에 띄게 내려앉는다.
그러나 왼발은 움직일 수 없다.
규율은 여전히 그 자리에 박혀 있다.
긴장이 잠시 풀리며 누군가는 눈을 감고 호흡을 고르고, 또 다른 누군가는 미묘한 웃음을 지으며 땀을 훔친다.

M도 깊은 숨을 내쉰다.
목 뒤로 흐르는 땀이 군복 안으로 스며들며 서늘하게 식어 간다.
미세한 바람결 하나에도 몸은 민감하게 반응한다.
긴장으로 굳은 근육이 작은 바람에도 움찔거린다.
그 짧은 휴식이 반갑기가 짝이 없다.

그의 시선이 무심코 언덕 쪽을 향한다.
그곳에는 언제나 그렇듯 차갑고 볼품없는 하얀 십자가가 멀대같이 서 있다.
늘 지나치며 투덜거리던 바로 그 십자가.
마음에 들지도 않았고, 무시하거나 때로는 비웃기까지 했던 존재였다.

'썰렁하네, 여전히 멋도 없고….'
그는 여느 때처럼 속으로 중얼거린다.

그러나 바로 그때, 시간이 멈춘다.
그 짧고도 영원한 찰나에 그의 숨이 멎는다.
심장이 격렬히 요동치며 온몸이 굳어 버린다.

눈동자는 흔들림을 잃고 시선은 한곳에 고정된다.

그 썰렁한 하얀 십자가 위, 그곳에 예수님이 계셨다.

십자가에 못 박힌 예수님의 모습은 고통 그 자체였다.
말로 다 형용할 수 없는 처절함, 인간의 언어로 담아낼 수 없는 극한의 아픔이었다.

그분의 몸은 마치 마지막 한 방울의 진액까지 다 짜내 버린 듯 새까맣게 마르고 메말라 있었다.
갈비뼈 하나하나가 살 속에서 돌출되어 드러났고, 가죽 같은 살갗은 바짝 붙어 쪼그라들어 있었다.
근육들은 제멋대로 뒤틀려 서로를 죄어가며 파열 직전의 긴장 속에 있었다.
온몸이 경련으로 뒤흔들리며 미세한 떨림조차 고통의 강도를 말해 주고 있었다.

입술은 갈라지고 바짝 말라붙었다.
목구멍은 타들어 가듯 바짝 마르고, 목젖은 메말라 들러붙어 숨소리조차 거칠게 긁혀 올라왔다.
그분은 한 모금의 물도 허락되지 않은 광야 같은 갈증 속에서, 숨을 몰아쉬며 마지막 호흡을 버텨 내고 계셨다.

그러나 육신의 고통조차 그분의 영혼이 감당하는 절규 앞에서는 그림자에 불과했다.
예수님의 영혼은 보이지 않는 절대적 버림 속에서 하나님을 향해 처절하게 외치고 있었다.

"나의 하나님, 나의 하나님, 어찌하여 나를 버리셨나이까?"
"어찌하여 이 고통을 돌아보지 아니하시나이까?"

그 외침은 단순한 울부짖음이 아니었다.
영혼이 찢겨 나가는 소리, 하늘을 가르는 통곡이었다.
그 음성은 바람처럼 허공을 휘갈기며 퍼져 나갔지만 하늘은 냉혹하게 침묵했다.
천지는 묵묵부답이었다.
피조물의 모든 소리조차 멎은 듯 고요했고, 대답은 돌아오지 않았다.

그분은 하나님께 버림받은 자가 되어 홀로 고통의 바다에 던져져 있었다.
그 고통은 육체를 넘어 외로움의 끝자락에서 터져 나오는 영혼의 비명이었다.
부러진 갈대처럼, 꺼져가는 등불처럼, 그분은 아무런 위로 없이 어둠 속에 홀로 내던져져 죽음을 향해 한 걸음씩 나아가고 있었다.

그분의 눈빛은 형언할 수 없는 고통과 아픔이 서려 있었다.
그것은 단순히 한 인간의 비극이 아니었다.
그 십자가는 메시지를 전하고 있었다.

"넌 혼자가 아니야.

내가 항상 너와 함께 있었어.

네가 아파하고 힘들 때, 나도 그 고통을 함께 겪었어.

너의 모든 고통과 절망, 너의 모든 눈물과 한숨을 내가 대신 짊어졌어.

그러니 힘들어하지 마.

울지 마.

외로워하지 마."

M의 눈이 크게 흔들렸다.

그의 몸은 경악과 충격이 동시에 몰려와 그대로 얼어붙었다.

온몸의 힘이 빠져나가며 가슴이 벼락처럼 내려앉았다.

'아… 저 모든 고통이… 바로 나 때문이라니.'

'저 지독한 고통, 저 험한 십자가, 저 찢김과 부서짐이 내 죄 때문이라니…'

그의 가슴 깊은 곳에서 오래 묻어 두었던 기억들이 차례로 터져 올라온다.

말할 수 없었던 수많은 밤들,

끝이 없는 절망과 고통,

시리도록 외로웠던 날들,

가슴 속을 무너뜨리던 분노와 울분의 시간들.

누구에게도 털어놓지 못한 그날들의 눈물과 저주가 예수님의 찢긴 살과 버려진 영혼에 그대로 새겨져 있었다.

아무도 알지 못한다고 생각했었다.
그리고 실제로 아무도 알지 못했었다.
그러나 지금, 십자가 밑에서 그는 알았다.
그 고독한 눈물과 절망의 무게를 오직 예수님만이 알고 계셨다는 것을.
그분만이 묵묵히 자기 몸으로 감당하고 계셨다는 것을.

'그렇구나….
예수님이 함께 계셨어.
저 고통이 전부 내 죄 때문이구나.
내가 예수님을 십자가에 못 박았구나.'

깨달음이 벼락처럼 가슴을 쳤다.
숨조차 쉴 수 없게 막혀왔다.
그는 더 이상 어떤 말도 할 수 없었다.
변명도, 항변도, 자기합리화도 할 수 없었다.
십자가 앞에서 모든 가면이 벗겨지고, 모든 무장이 무너져 내렸다.

M은 죄인의 자리에서 무너졌다.
아무것도 붙잡을 수 없는, 완전히 무너져 내린 자리였다.

그때였다.
예수님을 바라보던 바로 그 순간, 놀라운 일이 일어났다.

M의 안에서 무언가가 떠나가기 시작했다.

그것은 단순한 감정이나 일시적인 기분의 파도가 아니었다.

더 깊은, 그의 존재 그 자체를 조종해 왔던 무언가였다.

삶을 지배하고, 생각을 묶어 두고, 감정을 휘두르며, 운명을 뒤틀어왔던 절대적 주인—그것은 어둠이었다.

눈에 보이지 않지만 언제나 그와 함께 있던, 늘 귓가에 속삭이며 방향을 틀던, 영혼을 사슬처럼 묶어온 절망의 실체였다.

이른바 성경이 말하는 '원죄'.

자신을 처음부터 짓눌러온 그 정체가 지금 그의 안에서 몸부림치며 떠나가고 있었다.

어둠은 그토록 오래 자리를 잡고 있었다.

두려움이 자라난 뿌리였고, 외로움이 뿌리내린 토양이었으며, 분노와 절망이 결실한 나무였다.

그러나 지금, 그 모든 것이 뽑혀 나가고 있었다.

더 이상 남아 있을 수 없었다.

그토록 강하던 어둠이 예수 그리스도의 십자가 앞에서 무력해지고 있었다.

구원은 '바라보는 것'이다.

피 흘리신 예수님을…

찢기고 부서진 살과 상처를…

고통을 온몸으로 끌어안은 그분을 바라보는 것이다.

자신의 죄와 허물을 다 짊어지신 예수님을 진심으로 바라보는 것이다.

이미 승리하신 그분을 바라보는 것이다.
이미 싸움은 끝나 있었다.
승부는 오래전에 갈라져 있었다.

어둠은 더 이상 머무를 수 없었다.
예수 그리스도를 바라보는 영혼 안에는 그 어떤 사망의 권세도 더 이상 발붙이지 못했다.
어둠은 몰락했다.
절망은 힘을 잃었다.
죄는 무너졌다.

그렇게 어둠이 떠나가자 고통에 일그러져 하늘을 향해 절규하시던 예수님의 눈빛이 M을 향했다.
조금 전과는 전혀 달랐다.
그 눈빛은 담담했다.
깊고 고요했다.

책망도 없었다.
정죄도 없었다.
도리어 모든 것을 다 감싸 안으시는 자비와 평강이 그분의 눈 안에서 흘러넘치고 있었다.
그리고 그분은 말씀하셨다.

"내가 너를 사랑하노라.

내가 너를 사랑하노라.

내가 너를 사랑하여 이 십자가를 졌노라."

그 말씀이 번개처럼 M의 영혼 깊은 곳으로 파고들었다.

그것은 단순한 말이 아니었다.

생명이었다.

진리였다.

영생수였다.

그 음성이 닿는 순간, 그의 내면에 남아 있던 모든 벽이 무너져 내렸다.

오랜 시간 동안 굳건히 세워 놓았던 마음의 성벽,

남들에게는 보이지 않도록 꽁꽁 감추어 온 껍데기,

살아남기 위해 움켜쥐었던 자존심과 스스로를 갉아먹던 자책,

외로움과 분노,

그 누구도 알아주지 않던 사랑에 대한 목마름—

그 모든 것이 그분의 말 앞에서 한순간에 산산이 부서졌다.

"내가 너를 사랑하노라."

그 말씀이 그의 심장을 꿰뚫고 흔들며 결국 무릎을 꿇게 했다.

시간이 멈춘 듯했다.

공간도, 바람도, 영혼조차 숨을 죽였다.

오직 그 말씀만이 울려 퍼졌다.
영혼 깊은 곳에서 진동하며 생명을 불어넣었다.

눈물이 터져 나온다.
억눌렸던 회한과 죄책, 외로움과 절망이 한꺼번에 무너져 내린다.
흐느낌은 곧 통곡이 되고, 통곡은 곧 기도가 된다.

"주여… 죄인이로소이다, 이 죄인을 불쌍히 여기소서."

그것은 억지로 짜낸 말이 아니다.
영혼의 가장 깊은 곳에서 터져 나온 고백이었다.
그 고백 안에는 그의 전부가 담겨 있었다.
더 이상 숨길 것도, 포장할 것도 없었다.
주님 앞에서 누구인지, 어떤 존재인지…
그는 초라하고 무너진 자신을 그대로 받아들였다.

주님은 그를 깊이 품으셨다.
피 흘리고 찢긴 그 사랑은 조건이 없었다.
한 번도 사랑받은 적 없다고 믿었던 인생,
저주 아래에서 울고 또 울었던 시간들,
절망과 고독으로 얼룩진 날들,
그 모든 아픔과 상처가 오늘을 위한 부활의 길이 되었다.

그는 무너졌다.
완전히 무너졌다.
그러나,
무너짐은 새로운 시작.

M의 삶은 눈에 띄게 바뀌지는 않았다.
사람들의 주목을 받거나 화려한 변화가 찾아온 것도 아니었다.
그러나 아주 깊고 조용한 새로움이 그의 내면에서 시작되고 있었다.

주님의 십자가 아래, 그 고통과 사랑의 자리, 바로 그곳이 이제 M의 영혼의 영원한 안식처가 되었다.
그는 언제나 그곳에서 무릎을 꿇고, 머리를 조아렸다.
찬송과 경배와 감사와, 모든 기도를 그곳에서 올려 드렸다.
성경의 말씀이 살아 있는 빛으로 그의 마음을 일으켰다.
때로는 넘어지고 흔들렸지만, 주님은 결코 그를 책망하지 않으셨다.
언제나 십자가에 못 박히신 그 모습으로 다가오셔서 씻겨 주고 새롭게 하셨다.
그렇게 하면 그의 마음은 다시금 무너져 내렸고, 그 무너짐 속에서 회복과 새로움이 솟아났다.
오늘도 그는 그 자리를, 그 처음 사랑을 눈물로 감사한다.

5

세례를 하루 앞둔 밤.
"드디어 내일 세례를 받는구나, 어떤 기분일까?"
M은 설레는 마음을 안고 잠자리에 들었다.
그러나 이내 이상한 기운에 잠에서 깼다.
방 안 공기가 흔들리며 보이지 않는 존재가 느껴졌다.

'도둑인가?'
긴장이 몸을 감쌌다.
팟!
조심스레 불을 켰다.
책상 밑, 옷장, 화장실…
구석구석을 훑었지만 아무도 없었다.
창문 밖 가로등마저 평소와 똑같다.
'아무도 없는데?
그런데 왜 이 느낌이 사라지지 않는 거지?'

잠시 후,
깨달음과 함께 온 경외감이 그의 심장을 움켜쥔다.
'앗!'
'주님이시다!'

보이지 않지만 확실히 알 수 있었다.
세례를 앞둔 M을 바라보며 그분은 은은하게 미소 짓고 계셨다.
존재만으로도 온기를 전하는 미소였다.
심장이 멎을 듯이 뛰고, 숨이 멈추는 듯했다.
곁에 주님이 계심을 느끼는 그 기분이 너무 좋았다.
그는 마치 주님의 품에 안겨 있는 것 같은 포근함을 느끼며 살포시 잠이 들었다.

6

또 다른 어느 날 밤, 마음이 유난히 무거웠다.
말로 다 표현할 수 없는 얽힌 감정들,
가슴속을 맴도는 말들,
텅 빈 예배당,
메마른 기도.

시간이 얼마나 흘렀을까?
갑자기 온몸을 감싸는 고요하고 포근한 기운이 밀려왔다.
잔잔하고, 잡념을 사라지게 하는 평온이었다.
논리도, 조건도, 이유도 없었다.
세상이 줄 수도, 이해할 수도 없는, 존재 자체로 위로와 안식이 되는 무엇인가가 가슴 가득 차올랐다.
'아, 이것이 바로 하나님이 주시는 하늘 평안이구나.'

그것은 '평안'이었다.
하나님의 선물이었다.
누가 말하지 않아도 알 수 있었다.
그러나 M은 그것을 곧 잊었다.
단순히 '하룻밤의 일'로 여겼다.

그러나 인생은 언제나 평탄함을 오래 허락하지 않는다.
삶의 파도가 다시 그를 흔들고, 근심은 깊이 스며들었다.
기도는 메마르고 예배는 무기력해졌다.
근심과 걱정이 마음을 짓눌렀다.
그러던 어느 날, 그를 위해 기도하시던 G권사님의 권면이 번갯불처럼 영혼깊이 내리꽂혔다.

"잃어버린 평안을 찾아라."

그 말씀이 그의 영혼을 흔들었다.
그 순간, M은 깨달았다.
주님이 주신 평안을 자신이 얼마나 쉽게 놓쳤고, 얼마나 소홀히 대했는지를.
'아, 하나님은 하늘 평안을 한순간이 아니라 영원토록 주셨구나.'

M은 다시 평안을 찾아 나섰다.
그 평안은 어디에도 없을 것 같았지만 사실은 늘 그의 영혼 깊은 곳에 머물고 있었다.

그곳은 아무도 침범하지 못하는 거룩한 내면의 성소였다.

오직 주님의 보혈만이 흐르는 공간이었다.

그날 이후로 평안은 그의 영혼 그윽히 깊은데서 날마다 샘솟듯 흘러나와 그의 모든 것을 감싸고 돌았다.

'내 영혼의 그윽히 깊은 데서 맑은 가락이 울려나네.'

그 찬송은 이제 그의 삶의 고백이 되었고, 감사의 찬양이자 하루하루를 살아가는 은혜의 숨결이 되었다.

시편 23편은 그의 삶의 노래가 되었다.

예배와 찬송과 기도와 감사, 모든 것이 십자가 아래 엎드린 영혼의 제사가 되었다.

그 모든 것 위에, 피 흘리신 주님이 자비로운 손길로 덮어 주셨다.

1-5. 아픈 사랑

1

M의 삶은 아주 어린 시절부터 이유 없는 저주의 그림자에 짙게 덮여 있었다.
그 어둡고 무거운 그림자는 그의 내면에 '콤플렉스'라는 이름의 가시덤불을 심었다.
가시덤불은 뾰족하고 날카로웠으며, 햇살 한 줌에도 눈을 찌르는 듯했고, 바람 한 줄기에도 몸을 움츠리게 했다.
때로는 자신조차 이해할 수 없는 분노라는 칼날에 매여 어둠 속을 헤매며 길을 잃었다.
그러나 주님의 손길은 그 어둠 속으로 천천히, 그러나 확실하게 스며들었다.
치유는 번개처럼 오지 않았다.
그것은 폭풍처럼 드러나지도 온 세상을 태우지도 않았다.
대신 하루하루 말씀과 기도로 다져진 작은 순종 위에 은혜가 빛처럼 쌓여갔다.
보이지 않는 손이 그의 영혼 깊숙이 내려앉아 서서히, 그러나 확실히 상처와 분노를 녹이고 있었다.

분노는 서서히 자취를 감추고 대신 감사가 그 자리를 채웠다.

한숨이 기도로 변하고, 울음이 찬송이 되며, 상처의 깊은 골짜기마다 희망의 빛이 스며들었다.
가슴속 깊이 박힌 트라우마가 조금씩 녹아내릴 때마다 M은 숨을 더 깊이 쉴 수 있었고, 더 자주 고개를 들어 하늘을 바라보았다.
바람에 흔들리는 나뭇잎 소리, 먼 산의 고요한 그림자, 땅에 스며든 햇살의 온기,
모든 것이 새롭게 살아난 생명처럼 그의 내면을 감쌌다.

2

어느 날, 어머니의 임종이 다가왔다.
숨결은 가빠지고, 힘줄은 힘없이 떨렸으며, 눈빛은 서서히 생의 저편으로 스러져갔다.
임종 전날, M은 어머니를 찾아갔다.
병상에 누운 어머니는 그를 보자마자 마지막 남은 혼신의 힘을 다해 부둥켜안았다.

"내 아들…"

가냘프고 떨리는 두 팔로 껴안은 그것은 말보다 더 진한, 생의 끝자락에서 짜낸 모정의 마지막 언어였다.
서로의 눈빛이 마주쳤다.
시간은 멈춘 듯했고, 공기는 무겁게 고요했다.

그 눈빛에서 흘러나온 것은 평생 말하지 못했던 사랑의 언어들이었다.
어머니의 눈, 그 속에 눈물이 흐르고 있었다.
아들을 사랑하면서도 끝내 사랑하지 못한 애달픔, 죄책감과 미안함, 단 한 번만이라도 사랑하고픈 안타까움, 모든 감정이 하나로 뒤엉켜 흐르고 있었다.

M은 그 눈빛 속에서 모든 것을 읽었다.
한마디 말도, 한숨도 필요 없었다.
그것은 가슴 깊이 새겨지는 사랑의 유언이었다.
살아온 세월보다 더 깊고 긴 침묵이 그 짧은 순간 속에 고요히 내려앉았다.
숨결 하나, 손길 하나, 시선의 떨림 하나까지 모든 것이 말 없는 고백이 되었다.

다음 날, 어머니는 이 생의 모든 것을 내려놓으셨다.
육신 위로 한 삽 또 한 삽, 삶과 죽음을 가르는 흙의 잔해가 경계를 만들어 갔다.
일꾼들의 숨소리와 삽질 소리가 이승과 저승 사이를 오가며 이별의 장막을 천천히 내렸다.

M은 더는 참을 수 없었다.
아직 덜 만들어진 어머니의 봉분 위로 몸을 내던지듯 엎어졌다.
두 팔로 흙더미를 끌어안고 울고 또 울었다.
그 울음은 단지 어머니를 잃은 슬픔만이 아니었다.

어릴 적부터 끝없이 사랑을 갈망하던 한 존재가 어머니의 눈빛과 어우러져 터져 나오는 아픔이었다.
뿌리 깊은 회한, 세월 속 억눌린 감정, 끝내 말하지 못한 사랑과 상처가 한꺼번에 분출되었다.

그 울음은 서러웠고 깊었다.
땅과 하늘을 흔드는 절규가 되어 허공으로 퍼져나갔다.
그 순간, 시간은 천천히 흐르면서도 영원처럼 느껴졌다.
삶의 모든 고통과 상처, 분노와 미움, 그리고 사랑받지 못했다고 믿었던 모든 시간들 속에서 그에게 남은 것은 바로 사랑을 주신 주님과 어머니가 남긴 마지막 사랑의 흔적이었다.

그날, M은 울었다.
서럽게, 참으로 서럽게 울었다.
어머니의 봉분을 안고, 말할 수 없는 사랑을 온몸으로 고백하며, 생의 가장 깊은 곳에서 터져 나오는 절규로 울었다.

1-6. 여수룬이여, 너는 행복한 사람이로다

1

"나는 예수 그리스도 안에서 영원히 살고 있습니다."

이 고백은 단순한 신앙의 언어가 아니다.
그것은 죽음을 이긴 생명의 선언이며, 어둠에서 빛으로 옮겨진 존재의 증거다.
육신은 언젠가 흙으로 돌아갈 것이다.
그러나 영혼은 이미 생명 안에 영원히 거하며, 죽음과 시간의 제약을 넘어 하나님의 품속에 머물러 있다.
그 믿음은 단순한 위로가 아니라 살아있는 생명의 증거이며, 영원히 흔들리지 않는 기초이다.

"무릇 살아서 나를 믿는 자는 영원히 죽지 아니하리니 이것을 네가 믿느냐" (요 11:26)

이 말씀은 단순한 성경 구절이 아니라 살아 있는 현실이다.
오늘도 그 약속은 숨결 속에서 느껴지고, 하루의 평범한 시간 속에서 생생히 살아 움직인다.

시험이 찾아오면 기도의 자리로,

슬픔이 밀려오면 위로의 품 안으로,
기쁨이 넘치면 감사의 무릎으로 찬양하며 경배한다.
그리고 마음으로 고백한다.
"주님, 감사합니다. 당신은 나의 사랑이십니다."

삶은 언제나 평탄하지 않았다.
지난한 여울목에서 수없이 휘청거렸고, 수없이 넘어졌다.
그러나 그럴 때마다 손을 내밀어 일으켜 세우신 분이 바로 주님이심을 나는 안다.
아무도 알아주지 않는 기도의 시간 속에서 흘린 눈물방울 하나하나, 숨죽여 흘린 탄식과 간절한 마음, 그 모든 것이 주님의 병에 담겨 있음을 확신한다.
언제나 주님이 나와 함께 계심을 진정으로 믿는다.
그렇기에 마음 깊이 외친다.

"여수룬이여, 너는 행복한 사람이로다."

이 고백은 단순한 자기위로나 허세가 아니다.
심장을 뛰게 하는 생명의 선언이며, 지난한 눈물과 상처, 갈증과 허기, 고통과 실패까지 모두 녹아든 삶 전체의 결론이다.
주님이 지금까지 지켜 주시고, 인도하시며, 앞으로도 함께하실 것임을 굳게 믿기에, 영혼 깊은 곳에서 우러나오는 진심 어린 고백이다.

1장. 사랑아 사랑아

"주님, 감사합니다. 나는… 참으로 행복한 사람입니다."

2

오늘도 나는 무릎을 꿇는다.
맡겨주신 두 아들 'Y'와 'J'를 위해 주님의 사랑과 은혜가 그들 삶 위에 넘치도록 간절히 기도한다.

주님,
이 아이들에게도 허락하여 주소서.
내가 만났던 그 평안과 그 사랑을,
그 찢어질 듯한 회개의 밤과,
다시 일으켜 세워 주시던 은혜의 새벽을—
부디 허락하여 주소서.

'Y'를 사랑하여 주소서.
사랑하시되 끝까지, 끝까지 사랑하여 주소서.

'J'를 귀하게 여겨 주소서.
주의 사랑으로 세상의 약자를 위해 기꺼이 발을 담글 줄 아는 존귀한 자로 세워 주소서.

그들이 썩어지는 한 알의 밀알이 되게 하시고,

삶의 모든 순간이 찬양이 되게 하소서.
말과 행동과 걸음 하나하나가 주님의 뜻을 따라 걷는 사랑의 여정이 되게
하소서.
항상 기뻐하고,
범사에 감사하며 기도할 수 있도록
도와주소서.

예수 그리스도의 이름으로 기도드립니다. 아멘.

2장.

나의 병, 주의 손

2-1. 건강검진

1

그날 아침의 공기는 유난히 무겁고 고요했다.
얼어붙은 도시의 폐처럼 숨조차 깊게 들이쉬기 힘든 그런 날이었다.
한발 한발 내디딜 때마다 차가운 공기가 폐 속으로 스며들며 몸의 움직임과 마음의 맥박을 묵직하게 누른다.

M은 J병원 주차장 입구에 다다르자 잠시 멈칫했다.
오늘은 건강검진 결과를 듣는 날이다.
매년 반복되는 절차지만, 언제나처럼 발걸음은 쉽게 떨어지지 않는다.
차 안에 남겨진 정적 속에서 그는 핸들위에 손을 올린 채 한동안 꼼짝하지 않는다.
창밖으로 비치는 햇살은 희미하지만 눈부셨고, 차 안 공기는 차갑게 얼어붙어 몸을 조여 온다.

온몸을 누르는 묵직한 기류가 마음 한편을 출렁이게 한다.
알 수 없는 불안이 심장을 두드린다.
병원이라는 공간이 마치 몸보다 마음을 먼저 압박하는 것처럼 느껴진다.
주차장에 차를 세우고 엔진을 끄자 손이 천천히 핸들에서 흘러내린다.

숨을 깊이 몰아쉬고 엘리베이터 버튼을 누른다.
차가운 금속의 촉감이 새삼스럽게 피부를 스친다.
'4층.'
버튼 위에 손가락을 올려둔 채 시간이 느리게 흘러가는 듯한 기분에 사로잡힌다.

대기실 풍경은 낯익으면서도 낯설다.
무표정한 얼굴들이 말없이 순서를 기다리며 침묵 속에 앉아 있다.
간헐적으로 이름 부르는 소리가 공기 중에 퍼진다.
그 소리는 정지된 공간 속에 고여 있는 삶의 무게와 함께 울려 퍼진다.
'이 사람들은 무슨 사연을 안고 왔을까?'
주위를 두리번거리며 속으로 중얼거린다.
늘 똑같은 풍경, 똑같은 흐름.
그러나 오늘은 이상하게도 가슴 한편이 저려온다.
"삶이란 것이 결코 다정하지만은 않구나."

2

잠시 후, 간호사의 목소리가 대기실의 정적을 가른다.
"M님―."
"네…."
진료실 문을 열고 들어서자 하얀 가운을 입은 의사가 차분하고 정중한 목소리로 맞이한다.

"어서 오세요."
M도 가볍게 인사를 건넨다.
"안녕하세요."

빈 의자가 있다.
수많은 사람의, 수많은 사연을 품고 있는 의자일 것이다.
이 의자에서 누군가는 감사를, 누군가는 아픔을, 또 누군가는 절망을 맞이했을 것이다.
그는 그 의자에 조심스레 걸터앉는다.
자세가 어색하고 불편하다.
긴장과 기대, 불안과 희망이 뒤섞인 심장이 몸속에서 진동한다.

의사가 검진 결과를 설명하기 시작한다.
바꿀 수 없는 사실이 전해진다.
"정상입니다."
"괜찮습니다."
익숙한 말들이다.
긴장이 풀리며 안도의 숨이 몸 밖으로 빠져나간다.
마음 한편에 있던 묵직한 돌이 천천히 내려앉는 듯하다.
잠시 후, 의사가 시선을 살짝 내리며 말을 이어 간다.
"가지 마시고… 잠시 밖에서 기다려 주세요."

"???"

평온한 호수 위에 돌멩이 하나가 던져진다.
마음에 불안의 그림자가 드리운다.
다시 대기실에서 대기하지만 초조함이 점점 커진다.
10분, 20분, 30분…
시간이 길게 늘어진다.
그런데 부르지 않는다.
손끝이 미세하게 떨리고, 잡지의 글자들은 낯설게 흔들린다.
머릿속은 혼돈과 불확실로 가득 찬다.

3

드디어 두 번째로 이름이 불린다.
떨리는 마음을 감지한 듯 의사는 조심스럽게 말을 꺼낸다.

"영상 판독 결과 척추 근처 대동맥 부위에 종양이 하나 발견되었습니다.
큰 병원으로 가서 정밀검사를 받으셔야 할 것 같습니다."

'종양?'

단어가 귀에서 울리는 찬바람처럼 심장을 파고든다.
몸의 모든 감각이 얼어붙는다.
기분이 서늘해진다.
의사에게 물어본다.

"혹시… 암인가요?"
의사가 시선을 피한다.
대답이 없다.
진료실에 깊은 정적이 내려앉는다.
그 침묵이 모든 답을 대신 말해 주는 듯하다.

병원 바깥 풍경은 그대로이다.
오가는 사람들, 신호등 앞에 서 있는 차량들, 가볍게 흔들리는 현수막들….
같은 하늘, 같은 시간.
그러나 M에게 세상은 이미 전과 달랐다.
가슴 깊은 곳에서 파문이 천천히 퍼져 나간다.
머릿속과 심장은 서로 다른 속도로 뛰며 현실과 내면의 시공간이 비틀린다.

바람 속에서 작은 소리가 일어난다.
그 소리는 삶과 죽음 사이에서 울리는 내면의 균열, 존재의 불확실성을 향한 내밀한 반응이다.
발걸음이 떨린다.
몸은 묵직하게 눌린 채 앞으로 나아간다.

그러나 마음 한편에는 알 수 없는 희망이 작은 불빛처럼 남아 있다.
'아직은… 확실하지 않아.'

2-2. B대학병원에서

1

B대학병원이다.

손에 J병원에서 발급해 준 진료의뢰서가 들려 있다.

M은 그 진료의뢰서를 한참 바라본 후 조심스레 병원 출입문을 밀고 들어선다.

차가운 금속 손잡이가 피부에 닿자 심장이 괜스레 한 번 더 내려앉는다.

그 촉감 하나에도 마음은 미묘하게 반응하며 몸속 깊은 곳에서 묵직한 긴장과 불안이 올라온다.

문 안과 밖은 마치 전혀 다른 세계처럼 갈라져 있는 기분이다.

1층 로비는 느리게 움직이는 사람들로 가득하다.

순번 대기표를 뽑는 손길,

전광판 아래 멍하니 서 있는 시선,

기도처럼 조용한 기다림….

피로와 염려, 마지막 희망이 한곳에 겹쳐 어지럽게 흘러 있다.

걸음을 멈춘 M은 잠시 숨을 고르며 생각한다.

'저들 중 누군가의 표정이 곧 나의 얼굴일지도 몰라.'

병원은 단순한 진료소가 아니다.
삶의 경계선에 선 이들이 잠시 머물다 가는 정거장이다.
어떤 이는 '진단'이라는 이름표를, 또 어떤 이는 '치료'라는 희망을 붙들고 있다.
말로 다 전할 수 없는 가장 깊은 외침들이 오가는 낯선 성소다.

'혈액종양내과'라는 글자가 시야에 들어오자 그 단어들이 뼛속까지 스며드는 듯하다.
이미 마음 한편에는 '암'이라는 단어가 어둠처럼 그림자를 드리우고 있다.
지하 1층으로 향하는 에스컬레이터가 묵묵히 내려간다.
정적이 무겁게 깔린 공간에서 사람들의 숨소리와 기계음이 어지럽게 섞인다.
모든 것이 낯설고 어색하다.

2

'혈액종양내과' 문을 열자 이곳에도 의자마다 사람들이 앉아 있다.
중년 남성, 젊은 여성, 노부부….
서로 다른 표정이지만 모두 무언가를 기다리는 얼굴이다.
삶과 죽음의 경계에서 차례를 기다리고 있는 것일까?

M은 잠시 숨을 삼킨다.
'나도… 암일까?'

머릿속이 뒤죽박죽이다.

갑자기 가슴 깊은 곳에서 어떤 메아리가 울려 퍼진다.
'죽음.'
묵직하다.
아주 멀리 있던 단어였다.
하지만 이제는 턱 밑까지 다가온 듯하다.

과거의 순간들이 파노라마처럼 스쳐 지나간다.
되감기하듯 한꺼번에 떠오르는 기억들.
영상들이 겹쳐지며 흩날리고, 결국 아무것도 남지 않는다.
'내가 무엇을 했던가?'
자책이 몰려온다.

그때,
마음 한가운데에서 반짝이는 이미지 하나가 떠오른다.
'십자가'다.
무엇보다 확실한 진실 하나, 예수님.
십자가에서 만난 분,
고통 속에서도 자신을 품어 주신 분,
모든 삶의 궤적 속에서도 결코 흐려지지 않는 존재,
유일한 등불.

나를 사랑한다고 하신 분이다.
그분의 이야기가 순금처럼 떠오른다.

맞다!
그분이 있지.
그분의 사랑 이야기가 있지.
모든 것을 감싸 안고, 모든 것을 내어 주고, 모든 것을 희생하신 사랑.
잊을 수 없다.
천지가 개벽해도 끝까지 안고 뒹굴 이야기다.

전하고 싶다, 이 이야기를….
꼭 남기고 싶다.
어떻게?
간증으로?
글로?
아니면 무엇으로?

만약 남기지 않으면?
그러면 그분 앞에서 부끄러울 것 같다.
갑자기 절박함이 밀려온다.
시간이 없다.
그 절박함을 '암'이라는 단어가 재촉한다.

3

그때, 누군가가 그의 이름을 불렀다.
"네."
반사적으로 대답한다.

여러 영상이 화면에 떠 있고, 의사는 집중하며 마우스를 움직인다.
잠시 후, 의사가 조심스럽게 입을 연다.
"종양이 있습니다, 척추 바로 옆 대동맥 쪽인데 수술이 쉽지 않을 것 같습니다."

또 다시 물어본다.
다른 병원의, 다른 의사니까 어쩌면 대답을 들을 수도 있을 것이다.
'혹시… 암인가요?'
M의 목소리가 떨린다.

의사가 슬며시 시선을 다른 곳으로 돌린다.
속마음이 올라온다.
'어쩌면 J병원과 똑같을까?'

의사가 화제를 돌린다.
"2년 전에도 저희 병원에서 이 영상이 찍혔습니다.
크기나 모양이 그때와 크게 변하지는 않았고, 부위가 위험해 바로 수술하

기엔 부담이 너무 큽니다."

의사가 약간 뜸을 들인다.
침을 삼키며 말을 이어 간다.
"현재는 지켜보다가 변화가 보이면 그때 수술하기로 합시다."

"알겠습니다, 그런데…."
조바심이 몰려온다.
"그러니까… 이게 암입니까?"
의사는 친절하고 부드럽게 설명했지만 확인하고 싶은 단어 '암'은 끝내 나오지 않는다.

그 후, M은 병원을 정기적으로 찾는다.
피검사, 영상촬영, 정밀진단….
모든 것이 반복된다.
그렇게 2년이 흘렀다.
그러던 어느 날, 의사가 결정을 내린다.
"종양이 급격히 커졌습니다, 이제 더는 기다릴 수 없습니다, 수술해야 합니다."

'수술….'
심장 깊숙이 파고드는 현실이다.
평생 처음 겪는 일이지만 거부할 수 있는 선택지가 아니다.

"알겠습니다."
무미건조하게 대답한다.

하지만 의료계 상황이 순탄치 않았다.
마취과 의사의 파업으로 인해 당장은 수술이 불가능했다.
"언제 가능합니까?"
"약 4개월 정도 기다려야 할 것 같습니다."
"예?"

4개월을 기다려야 한다면… 환자는 어떻게 되는가?
의사가 미안한 표정을 짓는다.

시간은 무겁게 흐르고, 공간은 숨조차 쉬기 힘들게 답답하다.
M의 심장은 불확실한 미래와 절망, 희망과 두려움 사이를 오가며 가만히 끓는다.
손끝과 발끝까지 긴장이 퍼진다.
내면 깊은 곳에서는 십자가와 주님의 사랑만이 작게 빛난다.

2-3. 부신경절종

1

"이왕 수술을 받는다면 지방보다 서울에 있는 병원이 낫지 않을까? 내가 한번 알아볼게."
오래된 절친의 제안이다.
달콤하다.

서울의 K병원.
친구가 약속을 지켰다.

'부신경절종.'
K병원에서 진단한 결과다.

낯선 글자들이 눈앞에서 맴돈다.
'부신(副腎)이면…?
내분비 기관과 관련 있는 것인가?
신경조직과 관련된 덩어리일까?'

설명이 이어질수록 더 혼란스럽다.
초기에는 암이 아니었지만 지금은 암이라는 것이다.

의사의 분명한 목소리가 뒤따른다.
"현재는 확실히 '암'입니다."

'희귀암'이라는 단어가 머릿속에 파문처럼 퍼진다.
가슴 깊은 곳에서 다시금 잔잔한 물결이 일어난다.
'희귀암이라면… 치료도 쉽지 않다는 말인가?'

순응과 부정, 반발과 불안이 뒤섞이며 마음속을 촘촘히 파고든다.
의사는 냉정하게 말을 이어 간다.

"종양이 대동맥에 붙어 있어 상당히 위험한 수술입니다.
조금만 실수해도 큰일이 납니다."

'아, 차라리 말이나 하지 말지….'

2

피검사, 영상촬영, 호흡기기능검사, 심전도, 마취적합성 테스트까지.
수술을 위한 정밀검사가 끝없이 이어진다.
병원의 흰 벽과 차가운 금속, 기계음과 발걸음 소리가 뒤엉키며 마음을
한층 무겁게 누른다.

마침내 수술 당일이 다가왔다.

간호사의 발소리가 병원 복도를 오가고, 누군가의 휠체어 소리도 들린다.
'저 휠체어에는 누가 타고 있을까?'
자신도 어쩌면 저 휠체어에 앉게 될지도 모른다는 생각이 밀려온다.

창밖 하늘은 믿기 어려울 만큼 맑고 투명하다.
세상은 그저 무심히 흘러간다.
그러나 그 투명한 하늘 아래, M의 심장은 묵직하게 가라앉아 있다.

드디어 환자이송원이 나타난다.
무표정하지만 동작은 능숙하고, 친절함이 묻어난다.
그가 모포를 목 언저리까지 덮어 주며 낮은 목소리로 말한다.
"출발합니다."

침대가 움직이기 시작한다.
복도를 이리저리 돌며 이동한다.
움직임은 거침이 없다.
참 잘 간다.
그 뒤를 M의 아내가 묵묵히 따라오고 있다.

수술실 앞.
문 하나가 경계를 만든다.
들어갈 수 있는 자와 들어갈 수 없는 자 사이의 경계.
낯설고 차갑다.

아내의 얼굴빛이 어두워지면서 긴장감이 얼굴 전체를 덮는다.

환자이송원이 멈춰 서서 아내에게 고개를 돌려 말한다.

"여기서부터는 들어가실 수 없습니다.

마지막으로 하실 말씀이 있으시면 지금 하시기 바랍니다."

'마지막'이라는 단어가 날카롭게 울린다.

숨이 막히고 마음이 순간적으로 공중에 붕 뜬다.

아내의 눈이 크게 떠진다.

'마지막'이라는 말에 당황한 듯하다.

아내가 떨리는 소리로 말한다.

"수술, 잘 받고 오세요…."

말끝이 잦아들고, 더는 할 말이 떠오르지 않는다.

침대가 다시 움직이고, 문이 닫힌다.

'툭—.'

여인의 마음 한가운데서 무언가가 떨어진다.

무엇인지 알 수 없다.

허무함인지,

두려움인지,

아니면 또 다른 무엇인지…

그저 야속하고, 또 허전하다.

창밖의 나뭇잎들이 바람에 파르르 떨며 미세한 소리를 낸다.

그 소리가 공허한 마음속에 메아리치듯 울린다.

2-4. 수술실에서의 기도

복도 천장 조명이 길게 드리운 그림자 속에서 M은 침묵 속에 몸을 맡긴다.
모든 준비는 끝났지만 마음의 불안은 여전히 가라앉지 않는다.
손끝, 발끝, 심장 깊은 곳까지 긴장이 퍼져 나간다.

침대가 멈춘다.
수술실 앞.
낯선 공간의 경계선 위에 누워 있다.
환자이송원의 손길은 여전히 능숙하다.
수술실 문을 열고, 침대를 밀어 넣고, 바퀴를 고정시키고는 마지막 인사를 건넨다.
"수술 잘 받으세요, 빨리 쾌차하시길 바랍니다."
그의 말투는 잘 훈련된 언변 같다.
위로와 격려를 담고 있지만 너무 많이 반복해 온 문장이라 더 이상 울림이 없다.
M도 예의상 답한다.
"네, 감사합니다."
그러나 그 답이 끝나기도 전에 환자이송원은 이미 문 밖으로 사라지고 있었다.

'찰칵—.'

문이 닫히자 공기가 곧장 달라진다.
공간 전체가 고요의 심연으로 가라앉는다.
정적은 마치 살아 있는 존재처럼 무겁게 내려앉아 호흡을 조인다.
시간조차 멎어 있는 듯하다.
이곳은 모든 잡음을 삼켜 버린 낯선 세계다.
그 고요 속에 홀로 남겨진 M은 불안한 시선을 천천히 흘린다.

'불편해,
너무 싫어,
나가고 싶어.'

정적을 찢어내고 싶은 욕망이 가슴 속에서 들끓는다.

고개를 돌려본다.
저만치에 한 여성이 눈에 들어온다.
하얀 가운을 입은 의료진이다.
머리를 약간 숙이고 어떤 준비 작업에 몰두해 있다.
손놀림이 매끄럽고 단정하다.
하지만 소리가 없다.
작은 기척조차 내지 않고 움직이는 모습이 한 폭의 무음영화 같다.
실소에 가까운 미소가 입술을 스친다.
"아… 수술실이란… 이런 곳이구나…."
스스로에게 던진 자조 섞인 탄식이다.

잠시 후, 또 다른 의료진들이 들어온다.
발걸음은 흐트러짐이 없다.
마치 오래전부터 짜여진 동작을 그대로 재현하는 무대 배우처럼 절도 있다.
그러나 그 절도는 깊이 훈련된 신뢰와 집중으로 빚어진 것이다.
눈빛 하나, 손끝 하나에도 오랜 경험이 묻어난다.
그들의 기척이 퍼지면서 정적이 조금씩 밀려난다.
공간에 생기가 흐르기 시작한다.

M은 조심스레 수술대 위로 옮겨진다.
등에 닿는 시트의 감촉이 차가우면서도 생소하다.
피부로 스며드는 냉기가 곧장 심장에 와 닿는다.

'이제 시작되는 건가?'
눈을 감는다.
스스로를 보호하려는 본능이다.

수술대 위에 누워 있는 느낌은 낯설다.
몸은 움직이지 못하고 온전히 드러나 있다.
마치 포로로 잡힌 외계 생명체처럼 자신은 지금 '대상'일 뿐이다.
누군가의 손길에 의해 마음대로 열리고 다루어질 신체.
그 사실이 묘한 모멸감을 불러온다.

갑자기 질문들이 솟구친다.

'삶이란 무엇인가?'
'나는 누구인가?'
'지금 이 순간은 도대체 무엇인가?'
'내 몸인데 왜 나는 아무것도 할 수 없는가?'

생각의 소용돌이는 끝이 없다.
모든 권한은 이미 의사들의 손에 넘어가 있다.
그들은 자신의 몸을 열 것이다.
살을 가르고, 장기를 헤집고, 깊숙이 숨어있는 곳에 칼끝을 들이댈 것이다.
누구의 허락도 구하지 않는다.
당연히 물어보지도 않는다.
그 순간 그는 존재하되 존재하지 않는 자로 남는다.

'내 몸을 내가 주장하지 못한다면 나는 과연 무엇인가?'
깊은 무력감이 파도처럼 밀려온다.
허망하다.
자신이 무력하다는 사실이 서늘하게 가슴을 덮친다.
망망대해 한가운데 길 잃은 배처럼 의식은 허공을 떠돈다.
그리고 또 다른 두려움이 파고든다.

'만약 한 번의 실수로… 대동맥에 바늘 끝만 한 구멍이라도 난다면…?'
그러면 나는 어떻게 되는 건가?
죽음인가?'

아마도 그럴 것이다.
그러나 죽음 자체가 두렵지는 않다.
그런데 뭔가 해야 한다는 절박한 느낌이 강렬하게 몰려든다.
그 순간, 내면 깊은 곳에서 낯선 목소리가 울린다.

'기도해.'

그 외침은 단호하고 명확하다.
영혼을 흔드는 벼락같은 울림이다.
정신이 번쩍 든다.
'기도?'
'그래, 기도가 있었지.'
'기도하자.'

두 손을 모은다.
마음을 집중한다.
그런데…
기도가 잘 되지 않는다.

기도는 오래 묵혀 둔 불씨처럼 약하고 희미하다.
말들이 뭉개져 입 밖으로 나오지 않는다.
구절들은 제단 위의 돌처럼 무너져 흩어진다.
왜 안 되는 걸까?

혹시 너무 지쳐서일까?
그러자 다시 내면에서 발버둥치는 영혼의 소리가 들린다.

'안 돼.
이대로는 안 돼.
반드시 기도해야 해.'

하지만 기도는 또다시 침묵으로 흩어진다.
절망이 스며든다.

'정말 안 되는 걸까…?'

마침내 한마디 속삭임이 흘러나온다.
'하나님 아버지… 저… 기도할 수 있게 해 주세요…'

간절한 애달픔이 심장을 파고든다.
그 순간, 말씀 한 구절이 불현듯 떠오른다.

"아버지, 내 영혼을 아버지 손에 부탁하나이다." (눅 23:46)

십자가 위에서 주님이 마지막으로 드린 기도.
부지불식간에 떠오른 구절이다.
망설임이 생긴다.

'내가 이 기도를 해도 되는 걸까? 감히?'

그러자 또다시 음성이 속삭인다.
"너는 하나님의 자녀야.
주님의 기도는 곧 네 기도야.
아들의 권리로, 주님의 이름으로 기도드려."

심장이 크게 뛴다.
'그래, 나는 하나님의 자녀다.'

눈을 감고 떨리는 입술로 그 구절을 읊조린다.
"아버지… 내 영혼을… 아버지 손에… 부탁하나이다…."

짧지만 무겁고 강렬한 기도.
무너진 마음 위에 신뢰의 제단이 차곡차곡 쌓인다.
육신은 의사들의 손에 있지만, 영혼은 이미 하나님의 손에 있다.
'이제는 하나님이 하실 거야.'
숨을 깊게 들이마신다.

그런데 여전히 무언가 부족하다는 것을 느낀다.
기도가 끝난 것 같지 않다.
'더 기도해.'
재촉하는 듯한 소리가 내면을 흔든다.

'더?'

'무엇을?'

잠시 머뭇거리던 순간, 깨달음이 찾아온다.

'아, 그렇구나.

아직은 나를 데려가실 때가 아니구나.

그러니 내 생명을 위한 기도를 더 하라 하시는구나.'

다시 기도를 이어간다.

"아빠 아버지… 아버지의 뜻이라면 저를 불쌍히 여겨 주세요.

나를 사랑하시는 주 예수 그리스도의 이름으로 기도드립니다. 아멘."

기도가 끝나자 기다렸다는 듯이 누군가의 목소리가 귓가에 파고든다.

"마취약 들어갑니다."

그 말을 들으며 M은 깊은 수면 속으로 가라앉았다.

빛이 닫히고, 소리가 닫히고, 육신은 무의식의 강 저편으로 흘러갔다.

모든 것이 한순간 낯선 침묵 속으로 스며들어갔다.

2-5. 잃어버린 시간

아무것도 없다.
생각도, 느낌도, 감각도 전혀 없다.
빛도, 어둠도, 삶도, 죽음도—
그 어느 기척조차 존재하지 않는다.
그곳에서는 시간이 흘러가지 않는다.
공간이라는 개념마저 무너져 버린다.
시계의 초침은 멎어 있고, 태양은 기울 줄 모르며, 심장은 박동을 멈춘 듯 고요하다.
꿈조차 없다.
의식의 잔상, 무의식의 그림자마저 존재하지 않는다.

'나'라는 이름으로 불리던 자아조차 사라져 버린다.
내면의 깊은 곳에서도 더 이상 '나'는 없다.
존재의 껍질이 벗겨지고, 본질조차 증발해 버린 완전한 공백이다.
'없음'이라는 단어조차 감히 붙일 수 없는, 시작과 끝, 존재와 부재가 서로 엉켜 소멸하는 미지의 경계.
그것은 이름 붙일 수 없는 무(無)의 심연이다.

그 시각,
육체는 여전히 차가운 수술대 위에 놓여 있었다.

빛을 머금은 메스가 조심스레 피부를 가르고 외과의의 호흡은 숨결 하나까지 무게를 지닌 듯 무겁게 이어진다.
의료진의 손끝은 장기의 미세한 움직임 하나까지 포착하며 전율하듯 긴장한다.
마취기계는 묵묵히 약물을 주입한다.
기계음이 일정한 박자로 울려 퍼진다.
화면 위에서는 심전도의 파동이 분투하듯 오르내린다.

그 방 안에서는 '생'과 '사'가 치열하게 줄다리기를 벌이고 있었다.
한쪽은 붙잡으려 하고, 다른 한쪽은 끌어내리려 했다.
의사들의 눈빛에는 예리한 긴장이 스며 있었고, 차갑게 빛나는 수술 도구들은 일말의 흔들림조차 용납하지 않았다.
그러나 그 팽팽한 긴박감 속에서 '존재'의 주인공은 부재한다.
생사의 현장은 분명히 진행 중인데, 정작 그 안에 있어야 할 자는 결석해 버린 듯하다.

그 시간은 기억의 연대기에서 통째로 도려내진 장면이 된다.
삶이라는 책의 한 장이 완전히 찢겨져 나가듯 흔적도 없이 사라진다.
잃어버린 계절처럼 돌아볼 수도 없고, 심지어 잃어버렸다는 사실조차 자각되지 않는다.
어떤 기록도, 어떤 흔적도 남지 않는다.

완전한 단절.

존재의 그림자가 지워진 자리.
그러나 그 공백마저 역설적으로 '존재의 무게'를 증언한다.
'없음'이 드러내는 낯선 진실.
그 침묵의 공간 속에서 인간이라는 존재가 얼마나 유한한지, 얼마나 연약한지, 얼마나 신비로운지가 오히려 또렷하게 새겨진다.

그때 그곳, 그 공백 속에서 '나'는 없었다.
그러나 바로 그 '없음'이 삶과 죽음을 가르는 가장 선명한 증거로 남게 되었다.

2-6. '생'과 '사'를 넘나드는 기도

1

긴장과 침묵이 수술실 전체를 무겁게 짓누른다.
공기마저 한층 점착된 듯 움직임 하나마다 소리가 둔탁하게 울려 퍼진다.
환자는 여전히 깊은 마취 속에 잠겨 있다.
깨어 있는 의식은 없지만, 그 육체 위에서 벌어지는 생과 사의 경계는 극도로 날카롭다.

"절개."

집도의의 목소리가 낮고 단호하게 떨어진다.
칼날이 피부 표면에 닿자 그 차가움이 순간적으로 공간 전체를 관통한다.
첫 절개는 마치 고요 속에 던져진 돌멩이처럼 침묵을 흔든다.
손놀림은 거침없지만 그 속에 조심스러움과 신중함이 배어 있다.
절개가 깊어지면서 피부 아래 근육층이 드러나고, 그 밑을 덮고 있던 지방과 조직들이 산맥 깊은 협곡처럼 펼쳐진다.
내부 공간은 인간의 상상을 뛰어넘는 복잡함과 섬세함으로 이루어져 있다.

장기들을 한쪽으로 밀어내고 고정시키자 척추가 나타난다.
척추를 따라 뻗은 대동맥과 대정맥이 드러나고, 그 위에 붙어있는 종양이 선명히 보인다.
그 순간, 종양은 단순한 조직이 아니라 생명을 위협하는 '적'처럼 느껴진다.

나쁜 놈!

이제 저 나쁜 놈을 제거해야 한다.
단 한 점의 손상도 허용될 수 없다.
대동맥이라는 생명줄 위에서 집도의의 신경이 극한으로 곤두선다.

조심, 또 조심스럽게…
한 치의 흔들림도 없이 손끝의 감각과 도구의 미세한 진동만이 모든 판단을 지배한다.
시간이 흘러 이마에 땀이 맺히고, 긴장으로 굳은 턱 근육이 살짝 떨린다.
한참의 정적과 집중이 이어진 후, 마침내 일부 종양 제거에 성공한다.
집도의가 허리를 살짝 펴며 긴장이 잠시 누그러진다.

"감식반에 감식 의뢰하세요."
"네."
"지혈제."
"네."

모든 과정이 일사불란하다.
지혈이 완료되면 남은 종양도 완전히 제거될 것이다.

수술실 내 모든 시선은 지혈 중인 집도의의 손끝에 집중된다.
칼끝과 손길 하나, 작은 혈관 하나까지 놓칠 수 없는 긴장.
그러나 그 순간, 갑자기 집도의의 눈빛이 달라진다.
미묘한 경계심과 놀라움이 섞인 그 눈빛이 마치 공기 중에 감도는 전류처럼 모든 이의 심장을 흔든다.

그 변화는 단순한 시선의 움직임이 아니다.
수술의 향방을 가늠할 수 있는 결정적 신호, 생과 사가 갈리는 순간의 징후다.
모든 움직임이 멈춘 듯, 숨소리마저 정지한 느낌.
긴장의 실타래가 극한으로 조여 오며 수술실은 다시 한 번 숨죽인 정적 속으로 빨려 들어간다.

2

"예?"
"뭐라고요?"
"중환자실이요?"

M의 아내가 전기충격을 받은 듯 몸 전체를 덜덜 떤다.
심장이 빠르게 요동치며 가슴을 찌르는 듯하다.
두 눈이 커다란 왕방울처럼 굳어 버리고, 한순간 주변 모든 것이 흐려진다.
입술은 바짝 말라붙어 숨을 내쉴 때조차 소리가 거의 나지 않는다.

얼굴은 핏기 없이 창백하게 질려, 거울에 비친 자신이 누구인지조차 알아볼 수 없을 만큼 변해 있다.
손가락 끝에서부터 온몸으로 퍼지는 떨림이 멈출 줄 모른다.

"네, 그러니까… 중환자실로 이동해 주세요."

보조의사의 목소리는 단호하고 무심하다.
그 무심함이 오히려 잔혹하게 느껴진다.
냉정한 말투는 어떤 위로나 설명도 허락하지 않고, 현실을 있는 그대로 그녀의 심장을 내려찍는다.
숨이 막히고, 머릿속이 텅 빈 듯 멍하다.
시간마저 느리게 흘러 발 하나 들기도 어려울 만큼 몸이 마비된다.

수간호사가 옆에서 말을 덧붙이며 재촉한다.
"병실을 비워 주세요."

짧지만 강한 명령이 공기 중에 울린다.
아내의 시선은 고정된 채 의식과 몸이 분리된 것처럼 무력하다.
다리에 힘이 빠지고, 벽을 짚으려 하는 손끝이 허공만 더듬는다.
바닥이 흔들리는 듯 현실이 공중으로 붕 떠오르는 기분이다.

'중환자실로 간다고?'

그 말이 머릿속을 무겁게 내리친다.
순간적으로 수천 가지 시나리오가 빠르게 스쳐 지나가지만 모두가 하나의 결론으로 수렴된다.
그것은 곧 '사망선고'나 다름없다.
온몸이 얼어붙고, 호흡이 미세하게 끊어진다.
마음 한편에서 꺼져 버린 빛을 찾으려 애써도 눈앞의 그림자는 점점 더 짙게 드리운다.

말없이 서 있는 그녀의 몸과 표정에는 절망이 스며들고, 시간이 멈춘 듯한 정적 속에서 눈물이 터질 듯 목을 조인다.
그러나 눈물 한 방울도 흐르지 않는다.
그저 무력과 공포, 그리고 피할 수 없는 현실의 무게가 몸을 완전히 사로잡는다.
숨 한 번 쉬는 것조차 힘겨워 그녀는 그대로 그 자리에 얼어붙는다.

3

지혈이 되지 않는다.
전기지혈기로 눌러도, 봉합사를 감아도 소용이 없다.
혈관은 닫히지 않고, 피는 끊임없이 흘러나와, 수술대 위에서 어둡게 빛나는 강줄기를 만든다.
마취과 전문의는 모니터를 응시하며 단 한 번도 눈을 깜빡이지 않는다.
그 집중 속에서 시간조차 멈춘 듯 느껴진다.

혈압이 떨어지고, 산소포화도는 천천히, 그러나 확실하게 하강한다.

'시간이 없다.'

내면 깊은 곳에서 절박한 신호가 손끝으로, 팔과 어깨로, 온몸으로 번진다.
수술실 공기는 바늘 하나 떨어져도 소리가 날 만큼 팽팽하게 조여 있다.
숨조차 신중하게 내쉬어야 할 듯한 긴장감이 흐른다.

수술 팀 모두 알고 있다.
이 피는 단순한 출혈이 아니다.
환자의 생명, 곧 존재 그 자체가 흘러나오고 있다.
공기 속에 묻어 있는 철의 냄새, 소독약의 쓴 향, 전기지혈기의 날카로운 금속음, 모든 감각이 예민하게 깨어난다.
혈압을 확인하는 간호사의 목소리가 떨린다.

"클립 더 주세요, 여기서 지혈 안 되면… 다음 단계로 갑니다."
짧지만, 그 말 속에 담긴 절박함은 모든 것을 무겁게 압박한다.
집도의의 목소리가 낮고 무겁다.
그 안에는 눌린 압박, 자기 자신을 다그치는 절규, 그리고 생명을 살려야 한다는 끝없는 책임감이 서려 있다.
'내가 지금 지혈하지 못하면… 이 환자는 떠난다.'
숨조차 잠시 멈춘 듯, 시간은 오직 긴장과 불안 속에 머물러 있다.

간호사가 소리 없이 눈을 감았다가 떨며 뜬다.

기도인가?

절망인가?

아니면 두려움 속 간절함인가?

'제발, 이제 멈춰라, 그만 흘러라.'

손끝에서 떨림이 감지된다.

집도의의 고개가 떨구어진다.

입술은 바짝 말라붙고, 어깨는 무너질 듯 내려앉는다.

최선을 다했다.

더 이상 방법이 없다.

탄식이 시간과 공간을 넘나들며 묵직하게 수술실을 채운다.

최후의 결정이 내려진다.

"…. 수술 중단하고… 일단… 중환자실로 이송합시다."

짧은 말이지만 그 안에는 수많은 감정과 판단, 숨겨진 두려움과 책임이 스며 있다.

의료진 모두 숙연해진다.

그 침묵은 한없이 길고, 무겁고, 허탈하다.

아무도 먼저 움직이지 못한다.

손끝과 시선만이 서로를 찾고, 한 치의 흔들림 없는 조심스러움이 남아 있다.

피와 땀, 긴장과 숨막힘이 뒤섞인 공간 속
수술실은 잠시 멈춰 있다.
존재와 생명이 위태롭게 경계를 이루는, 숨조차 고요한 순간 속에 모두가 멈춘다.

4

'혹시…? 대동맥이…?'

심장을 겨누는 공포가 회오리처럼 몰아친다.
숨이 막히고, 손끝이 저리며, 가슴 깊은 곳에서 맥박이 울린다.
대기실 안 공기는 차갑고 묵직하다.

"병실을 비워 주세요."
그 말은 이미 텅 빈 메아리가 되어 돌아온다.
벽에 부딪쳐 흩어진 소리, 그러나 의미는 여전히 살아 있다.

신음이 입술 사이로 새어나온다.
"주여… 주여…."
절망 끝에서 터져 나온 그 신음은 오직 '주여'였다.
주님은 그 순간, 그녀를 붙잡는 유일한 끈이자 마지막 숨구멍이 된다.

'나의 주님…

내 기도를 들으시는 주님….'

그녀의 눈은 흐려졌고, 손은 떨리며 핸드폰을 붙잡는다.
손끝에서부터 팔, 어깨, 가슴까지 떨림이 번진다.
B권사님의 목소리가 꿈결처럼 들려온다.
평생 자신을 딸처럼 사랑해 준 권사님, 언제나 곁에서 지켜 주던 신앙의 어른이다.

"권사님… 지금 M이… 중환자실로… 피가 멎지 않아요."

말이 끝나기도 전에 권사님의 숨이 멎는 듯하다.
긴장과 두려움이 한순간에 무겁게 내려앉는다.
무릎이 땅을 친다.
땅과 몸이 부딪히는 소리,
그러나 그 소리마저도 하늘로 울려 퍼지는 기도이다.

"하나님… 제발… 우리 M 살려 주세요, 제발… 제발, 살려만 주세요…."

권사님의 목소리가 절규가 되어 하늘을 때린다.
"살려만 달라."
단순한 말 같지만, 그 안에 모든 삶과 사랑, 소망과 믿음이 응축되어 있다.

M의 아내,

손끝, 가슴, 눈빛, 숨결까지 기도에 스며든다.

"제 남편… 살려 주세요…." "주님, 제발… 살려 주세요…."

기도가 병실의 공기를 떨리게 하고, 복도를 울리고, 병동 전체를 흔든다.
모든 것이 하나로 합쳐져 천장을 뚫고, 하늘을 향해 치솟는다.

그것은 생명을 향한 절박한 외침,
온몸으로 토해내는 탄식,
영혼 깊은 곳에서 솟구친 불꽃이었다.
그 절정의 순간, 그 끝에서 그녀가 주님을 만난다.

수술대 위 남편, 창백하게 서 있는 의료진,
의료진의 뒤쪽에서 빛나는 존재….
흰 옷을 입고, 깊고 조용한 눈빛으로 남편을 바라보고 계신 예수님,
어떤 말도 없고, 행동도 없지만, 모든 것을 포용하는 존재감이 있다.
그 눈빛 속에서 모든 두려움과 긴장이 한꺼번에 무너져 내린다.
심장이 쿵 내려앉고, 숨이 트이며, 오래 눌린 가슴 속 감정이 한꺼번에 흘러나온다.

'주님이 함께 계신다….'

절망의 경계 한가운데서 느껴지는 확실한 진리.

공포와 혼돈, 불안과 떨림 속에서도 변치 않는 빛,
흔들리지 않는 사랑,
손을 뻗으면 닿을 듯한 평온함.

모든 기도와 눈물, 절망과 간절함이 그 순간 하나로 합쳐지며 그녀의 영혼을 감싸 안는다.
숨결 하나하나가 안정되고, 마음 깊숙이 묵직하게 자리 잡는다.
그 존재를 확인한 순간, 더 이상 아무것도 두렵지 않다.
세상 모든 긴장과 공포가 하늘로 흩어지고, 오직 믿음과 평온만 남는다.

5

"멎었다아—!!!"

갑작스레 터져 나온 외침이 수술실의 정적을 한순간에 갈라 놓는다.
모든 시선이 동시에 그쪽으로 향한다.
흥분과 경악, 안도의 감정이 뒤섞여 공기를 진동시킨다.
소리를 지른 보조의사는 손끝까지 떨며 흥분을 억누를 수 없는 표정으로 몸을 흔든다.
그 순간, 모든 의료진이 숨을 죽인다.
눈앞에서 일어난 기적은 믿기 힘들 정도로 완벽하다.
흐르던 붉은 피가 마치 신의 손길에 의해 멈춘 듯 완전하고 고요하게 가라앉아 있다.

집도의가 두 손으로 얼굴을 감싸 쥔다.
땀으로 젖은 이마와 눈가를 손바닥으로 문지르며 복받치는 숨을 내쉰다.
말없이, 그러나 깊은 경외와 감사가 섞인 중얼거림이 터져 나온다.

"오… 하나님… 감사합니다…."

그 목소리는 단순한 탄성이 아니다.
긴장과 공포, 절망 속에서 끝없이 쏟아졌던 시간과 노력, 눈물과 기도가 한꺼번에 녹아든 경이로운 감정의 폭발이다.

수술실 안 공기는 한층 묵직하게, 그러나 놀랍도록 평온하게 변한다.
붉은 피 대신 긴장과 두려움이 가라앉고, 대신 경이와 감격이 공간을 채운다.
의료진 한 사람 한 사람의 얼굴에도 안도와 감사의 표정이 번진다.
손끝까지 남아 있던 떨림은 사라지고, 서로의 눈빛 속에서 기적을 확인하며, 짧은 침묵 속에 함께 숨을 고른다.
순간의 정적 속에서 모든 두려움과 절망이 하늘로 흩어지고, 오직 생명의 고요한 숨결만이 남는다.

그 순간, 누군가의 마음 깊은 곳에서 느껴지는 평온과 신뢰는 단순한 인간적 안도가 아니다.
수술대 위 생명과 죽음의 경계에서 기적적으로 멈춘 피는 눈에 보이지 않는 신의 손길과 만나 모든 것을 가능하게 했다.

의료진, 환자 가족, 그리고 생명을 맡긴 모든 존재가 동시에 그 경이로움 속에서 숨을 고르며 다시금 세상의 무게를 느낀다.

믿을 수 없는 일이 현실이 되었고, 현실을 뛰어넘는 감사와 경외가 모든 마음을 감싼다.
이제 수술실 안에는 더 이상 공포가 아닌 살아 있음에 대한 경탄과 신뢰, 그리고 생명의 소중함이 깊게 스며든다.

6

보조의사가 다시 나온다.

"중환자실로 안 가셔도 됩니다, 병실로 올라갑니다."

그 한마디가 공기를 흔든다.
그녀의 몸이 힘없이 무너져 내린다.
주저앉아 바닥에 앉은 채, 그간 쌓였던 모든 긴장과 두려움, 절망이 한꺼번에 터져 나오듯 흐느낀다.
눈물은 단순한 슬픔이 아니라 살아 있음과 기적을 동시에 체감한 몸의 반응이다.
온몸이 떨리고, 심장은 광풍에 휘말린 듯 요동치며, 숨조차 잦아들지 않는다.

울음은 점점 깊어지고 격해진다.
기쁨과 경외, 감격과 감사가 서로 뒤엉켜 폭포처럼 몸을 휘감는다.
눈물 속에서 그녀의 정신이 한동안 현실과 분리된다.
병실의 흰 벽, 차가운 바닥, 의료진의 얼굴, 모든 것이 흐릿해진다.
오직 기적과 생명, 그리고 주님 앞에 무릎 꿇은 마음만이 선명하게 남는다.

마치 긴 터널 끝에서 빛을 처음 마주한 듯한 경이로움과 안도감이 심장을 채운다.
한숨과 함께 쏟아지는 울음은 단순한 감정의 폭발이 아니라 삶과 죽음을 오간 시간 속에서 하나님에게 바치는 고백과도 같다.
그녀의 몸과 마음은 더 이상 긴장하거나 두려워하지 않는다.
오히려 살아 있음의 무게를 온전히 느끼며 감사와 경외로 가득 찬 숨을 고른다.

주위는 여전히 고요하지만 그 고요 속에는 이제 공포가 아닌 생명과 기적을 목도한 충만한 평온이 맴돈다.
울음과 떨림 속에서도 그녀는 자신을 붙잡아 준 하나님의 손길을 느낀다.
그 순간, 모든 것이 완전하게 이어지고, 기적과 감사가 온몸으로 체화된다.
삶과 죽음의 경계를 넘어선 가장 깊은 안도의 숨결이 그녀를 감싼다.

7

수술 다음 날 아침.

병실 안에 은은한 빛이 천천히 내려앉는다.
가을햇살이 창문 너머로 벽과 침대, 커튼 위에 부드럽게 스며든다.
공기 중에는 잠잠한 따스함이 감돌고 있다.
은은하게 떠도는 먼지 입자까지 금빛으로 물든다.

아내는 이어폰을 귀에 살짝 꽂고 고개를 숙인 채 손가락으로 미세하게 리듬을 타며 찬송가를 듣고 있다.
이어폰 너머로 흐르는 음악이 공간을 채우며 공기 위를 떠다니고, 차분한 울림이 병실 전체에 스며든다.
그 모습을 바라보는 M의 눈빛에 살짝 미소가 스친다.
얼굴에는 말로 다할 수 없는 안도와 감사가 드리운다.

창밖의 가을은 온화하다.
하늘은 끝없이 높고 투명하며, 바람은 나뭇잎 사이를 지나며 부드럽게 속삭인다.
모든 것이 자연스럽고, 모든 것이 평온하다.
그 평온 속에 몸과 마음은 숨을 고르고, 조금 전까지의 고통과 긴장, 두려움이 먼 안개처럼 흩어진다.

그런데 그 순간,
병실의 공기 흐름이 미묘하게 변한다.
눈에 보이지 않는 어떤 물결이 공간을 채운다.
그와 동시에 마치 달무리가 달을 감싸는 것 같은 신비로운 파동이 자신을 둥글게 감싼다.
움직임은 느껴지지만 두렵지 않다.
당혹스러움과 경이로움이 동시에 찾아온다.

"이게… 뭐지…?"

무심한 듯, 그러나 분명하게 움직이는 무언가를 느낀다.
잠시 혼란스러운 마음이 휘몰아치지만 그것은 두려움이 아닌 신비로움에 대한 반응이다.

그 순간, 하늘 저 높은 곳에서 음성이 흐른다.
환청이 아니다.
명백하다.
실재하는 음성이다.

투명하고 분명하다.
시간을 찢어 들어오는 빛처럼
영원의 가장자리에서 불어오는 바람처럼
존재의 가장 깊은 곳까지 와 닿는다.

"지금까지 내가 너를 지켰고
지금도 지키고 있고
앞으로도 내가 너를 지킬 것이다."

깜짝 놀라는 M.
숨이 멎는다.

"하나님, 정말이세요?"

하지만 그 음성은 더 이상 들리지 않는다.
그러나 마음 깊은 곳에서 단호하게 전해진다.
답은 '그렇다.'이다.
몸과 마음이 그 한마디에 사로잡혀 물결치듯 울린다.
안도와 감사가 온 존재를 감싼다.

어제의 상처와 두려움, 오늘의 안도와 평온, 그리고 아직 도래하지 않은 내일의 불확실함까지 이미 그분은 모두 품고 계신다.
병실 안 공기가 점점 따뜻해지고, 마음의 중심은 고요함으로 채워진다.
더 이상 혼자가 아니라는 확신이 생명의 고요 속에 단단히 박힌다.
지나온 길 위의 두려움과 불안, 막막함을 넘어 그분의 사랑이 모든 순간에 내려앉는다.

확신이 차오른다.
그분은 어제, 오늘, 내일의 모든 순간 속에서 이미 지키는 자로 서 계신다.
이것은 하나님이 자신에게 하신 언약임이 분명하다.
또한, 모든 믿는 이에게 동일하게 주어지는 약속임을 느낀다.

고요하지만 힘찬 생명의 울림, 눈에 보이지 않는 손길, 그리고 끝없이 이어지는 보호와 사랑이 병실을 가득 채운다.
살아 있음과 신의 섭리를 동시에 느끼며, 온 존재가 감사와 경외, 평온으로 가득 차오른다.

2-7. 모든 영광을 주님께, 오직 주님께!

1

M은 지금 생애에서 단 한 번도 경험해 보지 못한, 신비롭고 두렵지만 지극히 거룩한 사건 앞에 서 있다.
이것은 단순한 육체의 회복이나 의학적 기적이 아니다.
그의 영혼 깊숙이 각인된 하나님의 음성, 죽음의 문턱에서 돌아온 삶의 선물이다.
그날 이후, 그의 심장에는 세 개의 문장이 불덩이처럼 새겨졌다.

첫 번째, 하나님의 공의와 그리스도 예수 안에 있는 은혜.
그날을 그는 생생히 기억한다.
수술을 앞두고 평소 가까이 두었던 오랜 친구를 만나 짧은 대화를 나누었다.
친구가 걱정스러운 표정으로 조심스레 말한다.
"이왕 수술받을 거라면 지방보다 서울에 있는 병원이 낫지 않을까? 내가 한번 알아볼게."
의료계에 무지했던 M은 친구의 말을 고맙게 받아들인다.
"오, 그래? 수고스럽겠지만 부탁하네."
그렇게 해서 K병원에서의 수술이 결정됐다.
그러나 그 순간, M은 주님의 뜻을 구하는 기도를 단 한 번도 올리지 않았다.

그 무심함과 교만이 결국 죽음의 문턱에서 깨달음을 불러왔다.

지혈되지 않던 긴박한 순간은 단순한 의료사고가 아니었다.
그것은 하나님의 공의였다.
사람의 조언과 자기 판단만을 의지한 채 영혼의 등불을 외면했던 M에게 내리신 경고였다.

그러나 그 순간에도 하나님은 이미 일하고 계셨다.
수술실에서 그를 기도하게 하신 주님,
아내의 절규어린 기도,
그리고 B권사님에게도 중보기도를 하게 하시고, 그 모든 기도에 즉각적으로 응답하셔서 죽음의 문턱에서 M을 다시 살리셨다.

하나님을 의지하지 않은 무심함은 결국 두 번째 수술이라는 결과를 가져왔다.
그러나 두 번째 수술 때는 달랐다.
첫 번째 수술의 교훈이 마음속에 깊이 새겨졌다.
수술을 앞두고 그는 오직 하나님께 엎드려 기도했다.

"이번에는 하나님께만 구하자."

기도의 말은 초라했다.
떨리는 속삭임처럼 미약했다.

하지만 하나님은 그 미약함조차 소중히 들으셨다.

믿음으로 손을 모으자 서울아산병원의 진료 일정이 놀라울 정도로 쉽게 잡혔다.
세간에서는 아산병원 예약이 '하늘의 별 따기'라고 했다.
3~4개월은 기다려야 한다는 소문이 파다했다.
그런데 M은 단 한 통의 전화로 원하는 날과 시간에 진료를 받을 수 있었다.
또, 수술 후 간호사와 다른 환자들의 반응은 놀라움과 경외로 가득했다.

"어떻게 저 교수님께 수술받으셨어요?"
"예?"
"저 교수님에게는 아무나 수술받을 수 없어요."
"예?"
"워낙 유명한 분이라 예약이 꽉 차 있어서요."
"아, 예~"

믿음과 순종으로 하나님만 의지하자 그분은 가장 좋은 것으로 채워 주셨다.
가장 권위 있는 병원의, 가장 권위 있는 의사를 붙여 주신 것이다.
그렇다면 세상에서 가장 권위 있는 의사 중의 한 분일 것이다.
그날 이후, 그의 마음속에 새겨진 하나님의 공의와 그리스도 안에 있는 하나님의 은혜는 영원히 지워지지 않는다.
하나님이 자신을 얼마나 사랑하는지 보여 주신 또 다른 분명한 사건인 것이다.

두 번째, 주님은 어떤 기도도 결코 외면하지 않으신다.

그의 기도는 초라했다.

들풀처럼 흔들렸고, 바람 앞의 촛불 같았다.

그러나 하나님은 그 미약한 기도 하나하나를 귀하게 받아 주셨다.

아내의 절규와 B권사님의 중보기도, 그리고 자신의 작은 신음조차 하나님은 한데 엮으셔서 생명으로 응답하셨다.

그 응답은 단순한 생존이 아니라, 신적 언약이었고, 생명의 보증이었다.

"지금까지 내가 너를 지켰고

지금도 지키고 있고

앞으로도 내가 너를 지킬 것이다."

그 음성은 그 어떤 인간의 말보다도 강력하고 명확했다.

작은 신음에도 응답하시는 주님의 섭리를 몸과 마음으로 체험하며, M의 눈에서는 감동과 경외가 솟구쳤고, 무릎이 저절로 꿇렸다.

"주님, 제 기도가 얼마나 보잘것없었는지 압니다.

그럼에도 귀하게 받아 주셔서 감사합니다.

진심으로 감사합니다."

마음 깊은 곳에서 우러나오는 경배가 하늘을 채운다.

세 번째, 주님은 냉수 한 그릇의 사랑에도 크게 기뻐하신다.

작은 기도가 생명을 살리고, 미약한 믿음이 역사를 이루었다면, 아주 작은 사랑의 행위 하나에도 그 상급은 얼마나 클까?
그 크기는 우리의 상상을 초월할 정도로 클 것이 분명하리라.

"주님,
제가 냉수 한 그릇이라도 감사와 기쁨으로 나누는 자리에 있게 하소서.
누군가의 목마름을 적시는 주의 통로가 되게 하소서."

2

M은 더 이상 이 생명을 단순히 '우연히 남은 것'으로 여기지 않는다.
그 생명은 우연이나 행운의 산물이 아니다.
이 시간은 덤이 아니라 주님의 손끝에서 새롭게 빚어지고 다시 태어난 삶이다.
살아남은 것이 아니라 하나님께서 새롭게 보내신 인생, 거룩하게 다시 편성된 인생이다.
한순간의 무심함과 교만이 불러온 위기 속에서도, 그분은 이미 세밀하게 계획하시고, 사랑으로 붙잡아 주셨다.

그는 이제 매 순간을 감사와 경외로 바라본다.
하루하루가 기적이며, 숨 쉬는 모든 순간이 주님의 은혜임을 체감한다.
눈을 뜨는 순간부터 잠드는 순간까지, 호흡마다 하나님께서 부여하신 생명의 깊이를 느낀다.

그는 고백한다.
"이제 나의 하루는 기적이고
나의 고백은 기도이며
나의 호흡은 찬양입니다."

그 고백은 단순한 말이 아니라 온몸과 마음으로 뿜어내는 영혼의 외침이다.
그의 심장 속에서 울리는 감동과 감사가 모든 근육과 신경을 타고 퍼져
한층 더 강렬한 믿음의 파동이 된다.
이제 삶의 모든 순간이 과거의 두려움과 절망을 넘어 하나님의 섭리와 은혜 안에서 새롭게 정의된다.

그리고 외친다.
모든 영광을 주님께!
오직 주님께!

이 모든 순간과 기적, 숨결과 회복, 눈물과 기도, 생명과 사랑—그 무엇도 인간의 힘이 아닌, 전적으로 주님의 은혜였다.
온 존재가 그 진리를 선포하며 거룩한 감사와 찬양으로 가득 채워진다.
세상 모든 순간이 이제는 하나님께서 주신 선물임을 온전히 깨닫는다.

할렐루야!

3장.

신실하신 하나님
(J의 공기업 합격기)

3-1. J의 목표와 대응

"공기업?
좋아.
이제부터 나의 목표는 공기업이다."

J는 대학 시절부터 공기업 입사를 분명한 목표로 삼았다.
그 순간부터 모든 시선과 노력은 오직 한 방향을 향했다.
자격증, 기출문제, NCS 준비까지—
"난 할 수 있어."라는 확신을 품고 성실과 끈기로 전진했다.

시험이 있는 날이면 M과 그의 아내는 빠짐없이 아들을 시험장까지 데려다주었다.
처음 몇 번은 J도 "경험 삼아"라며 가볍게 응시했다.
그러나 횟수가 거듭될수록 그의 표정은 무거워졌다.

'불합격.'

짧지만 쓰라린 그 단어는 칼처럼 가슴에 꽂혔다.
기회가 반복될수록 상처도 누적되었다.
부모가 해 줄 수 있는 일은 오직 기도뿐이었다.

"주님, 도와주세요."
그 기도는 또 하나의 간절한 제목이 되었다.

2년.
수많은 시험 응시와 수많은 불합격 통지서.
그러나 J는 포기하지 않았다.
낙심할 법도 했지만 그는 묵묵히 다시 책을 펼쳤다.
M도 멈추지 않았다.
그 또한 무릎으로 버티고 있었다.

3-2. K회사 시험과 선포기도

그러던 어느 날,
"이번 토요일에 K회사 시험이 있어요."
J의 목소리엔 힘이 빠져 있다.
계속되는 불합격이 그를 지치게 한 것이 분명했다.
M의 시선이 허공을 가른다.
이제 자신도 더는 기다리고 싶지 않았다.
"주님, 이번엔 끝낼 수 있도록 도와주소서."

마침 교회에서 '고난주간 특별새벽기도회'가 열린다고 한다.
'특별새벽기도회?'
'좋아, 이번엔 앞으로 나가서 기도하자.'
앞자리에 나아가는 것은 더 간절히 매달리겠다는 의지의 표현이다.

첫째 날,
목사님 뒤 세 번째 줄에 자리를 잡았다.
"하나님, 우리 J를 합격시켜 주소서."

둘째 날,
오늘도 같은 기도를 올린다.
"하나님, 우리 J를 합격시켜 주소서."

그렇게 간절히 구하던 중, 마음 깊은 곳에서 주님의 말씀이 울렸다.

"너희가 내 안에 거하고 내 말이 너희 안에 거하면 무엇이든지 원하는 대로 구하라, 그리하면 이루리라(요15:7)고 하지 않았니? 그런데 왜 기도하지 않니?"

M은 깜짝 놀랐다.
J가 공기업 문을 두드릴 때부터 지금까지 기도해 왔던 그였다.
때문에 "왜 기도하지 않니?" 하는 질문이 무척 당황스러웠다.
그는 '기도하고 있잖아요?' 하고 되묻고 싶었다.
그러나 더는 말씀하시지 않았다.

머릿속이 혼란스러웠다.
'그렇다면 지금껏 드린 기도는 무엇이란 말인가?'
혹시 형식적이었나?
마음과 정성을 다하지 않았던 걸까?
그렇다면 어떻게 해야 온 마음과 뜻과 정성을 다해 기도할 수 있을까?
아들은 오늘도 머리를 싸맬 텐데….

'이대로 포기할 수는 없어.
억지로라도, 마음을 다하는 시늉이라도 해 보자.'

셋째 날,

여전히 기도한다.
"주님, 합격시켜 주소서."
마치 기도를 짜내는 듯했지만 어제 책망을 받은 이상 최선을 다해야 했다.
그때, 다시 하나님의 말씀이 울렸다.

"합격시켜 줄 테니 집에 가서 합격을 선포하라."
"예?"

M은 멈칫했다.
'합격을… 선포하라?'
'합격'에 대한 감사보다 '선포'에 대한 두려움이 먼저 밀려왔다.

"하나님, 선포하고 나서 떨어지면 어떻게 하죠?
그러면 하나님을 거짓말쟁이로 만드는 거잖아요?
J도 흔들릴 거예요."

그러자 주님이 또 말씀하셨다.
"선포하지 않으면 합격했을 때 나에게 영광 돌리는 것도 없다."

정신이 번쩍 들었다.
'아, 하나님은 이 일을 통해 영광을 받으시려 하시는구나.'
"알겠습니다, 하나님, 감사합니다."
집에 돌아온 M은 아내와 J에게 말했다.

"이번에 하나님이 합격시켜 주신대.
그렇게 하겠다고 하셨어.
그러니까 J, 너는 더 열심히 준비해.
아빠와 엄마도 더 열심히 기도할게."

아내와 J의 눈이 동그래졌다.
'이게 무슨 말인가?' 하는 표정이었다.
그러나 M은 확신했다.

"이제 하나님께서 약속을 이루실 거야.
반드시 그렇게 하실 거야.
하나님이 약속하셨고, 이 일을 통해 영광을 받으실 거라고 하셨으니까."

이제 주사위는 던져졌다.
자신이 할 일은 다 했다.

넷째 날, 목요일.
"주님, 이 약속을 이루어 주소서."
기도는 더욱 간절해졌고, 마음 한구석엔 부담감도 스며들었다.
'반드시 이루어져야 한다.'

그날, 성경을 읽던 도중 사도행전 27장 25절에서 눈이 딱 멈췄다.
"그러므로 여러분이여 안심하라, 나는 내게 말씀하신 그대로 되리라고 하나님을 믿노라."
"아메~ 엔!"

심령 깊은 곳에서 우렁찬 외침이 터져 나왔다.
흔들리던 마음이 말씀으로 굳건히 다져졌다.

다섯째 날, 금요일.
특별새벽기도회의 마지막 날이다.
믿음은 여전했지만 이상하게 마음이 불편했다.
안절부절한 마음에 '혹시 기도의 양이 부족한 걸까?' 하는 생각까지 들었다.
그러면 기도의 양을 채워야 하는데…
그러자 자연스럽게 '중보기도'가 떠올랐다.
'두세 사람이 내 이름으로 모인 곳에는 나도 그들 중에 있느니라.'
목사님이 생각났다.
"그래, 목사님에게 기도 부탁을 드리자."
M의 이야기를 들은 목사님과 사모님은 시험 당일까지 흔쾌히 중보기도를 해 주셨다.

드디어 토요일, 시험일이다.
M은 모든 기도의 중심에 '믿음'을 두었다.
하나님의 선포는 결코 헛되지 않으며, 반드시 살아 움직인다는 믿음.
그 믿음의 기도는 이제 열매를 기다리는 시간으로 접어들고 있었다.

3-3. 선포기도의 결과

1

드디어 합격자 발표일이 되었다.
집 안에는 말로 설명하기 어려운 긴장감이 감돌았다.
고요를 넘어선 정적.
숨소리조차 삼킨 채 온 가족이 어떤 순간을 기다리고 있었다.
마치 시간의 한복판에서 발이 묶인 채, 멈춘 시계의 초침이 다시 움직이기를 바라는 듯했다.

M과 아내는 최대한 평온한 표정을 지으려 애썼다.
그러나 그 눈빛 속엔 간절함과 걱정을 감출 수 없었다.
'합격이어야 하는데….'
'하나님, 제발 합격하게 해 주세요….'

정작 J는 아무렇지 않은 듯 말이 없었다.
그는 무심한 눈빛으로 휴대폰 화면을 바라보고 있었다.
시간은 오전 11시를 조금 넘겼다.

"아직 발표 안 났나?"
"아닐 텐데?"

궁금했지만 묻지 못했다.
말 한마디조차 긴장을 깨뜨릴까 두려웠다.

그때 J가 화장실에서 나왔다.
눈빛이 마주쳤다.
묻지 않아도 서로가 무슨 말을 하려는지 알 수 있었다.
마침내 J의 입술이 열렸다.
짧고 단호한 한마디,

"떨어졌어요."

그 말만 남기고 J는 방으로 들어가 문을 닫았다.
문이 닫히는 소리가 유난히 무겁게 울렸다.
머릿속이 하얘졌다.

'이게 무슨 소린가?'
'하나님을 거짓말쟁이로 만들어 버린 건 아닐까?'
'혹시 내 착각이었나?'
'이제… 어떻게 해야 하지?'

가슴이 무너져 내렸다.
"주여, 어찌하오리이까…."

그런데,
놀랍게도 두렵지가 않았다.
오히려 마음 한편에 묘한 담대함이 자리하고 있었다.

'그래, 하나님은 이대로 끝내지 않으실 거야.'
'선하게 인도하실 거야.'
'반드시 이루실 거야.'

"사랑 안에 두려움이 없고 온전한 사랑이 두려움을 내쫓나니..." (요일 4:18)

"목사님…, 떨어졌습니다."
죄송하고 송구스러운 마음이 앞섰다.
그런데 목사님의 대답이 단호했다.

"더 좋은 것을 주시려고 그러신 겁니다."

1초의 망설임도 없는 대답이었다.
그 순간, M의 마음이 요동쳤다.
반응 속도는 목사님만큼이나 빨랐다.
"아멘~ 엔!"

2

문제는 J였다.
그의 마음은 깊이 찢어졌고, 몸은 지쳤으며, 가슴에는 생채기가 남았다.
'나는 안 되는구나….'
믿음의 선포가 오히려 실망이라는 칼날이 되어 돌아온 듯했다.
책은 눈에 들어오지 않았고, 세상은 멈춘 것만 같았다.
아무것도 하고 싶지 않았다.

'이제 어떻게 하지?'
'아무 직장에라도 들어가야 하나?'
'아르바이트라도 해야 하나?'
'아니면… 다 포기할까?'

생각은 계속 제자리만 맴돌았다.
기대는 실망으로, 실망은 자책으로, 자책은 무기력으로 이어졌다.
M도 마찬가지였다.
마음은 무겁고, 기도마저 멈춘 상태였다.

그러나 하나님은 여전히 일하고 계셨다.
'더 좋은 것'을 향한 이야기는 이미 조용히 시작되고 있었다.

3-4. 절망 끝에서 솟아난 희망

1

봄의 잔향이 서서히 사라지고, 여름의 숨결이 다가왔다.
햇볕은 점점 따가워지고, 거리의 사람들은 한층 가벼운 걸음으로 활기를 띠고 있었다.
그러나 J의 일상은 변함없었다.
무기력함이 그의 몸을 짓눌렀고, 미래에 대한 불안은 여전히 생각을 잠식했다.

'불합격.'
그 단어가 머릿속에서 끊임없이 맴돌며 그를 괴롭혔다.
기대할 것이 없었다.
흘러가는 시간 속에서 마음속 작은 불씨마저 꺼져 버린 듯했다.
습관처럼 채용공고를 훑어보는 일조차 공허했다.
손가락만 허공을 맴돌 뿐이었다.

그렇게 두 달이 흘렀다.
어느 날, 또 하나의 채용 공고가 눈앞을 스쳤다.
부산교통공사.

'이번엔… 부교공이네.'

'NCS 5과목 출제.

'으음, 그러는가 보구나….'

별다른 흥미 없이 마우스를 클릭해 창을 넘기려던 순간, J의 손이 딱 멈췄다.

'응?

잠깐… 5과목?'

눈이 번쩍 뜨였다.

마음속 꺼져 있던 불씨 하나가 움찔하며 되살아났다.

그동안 전공과목에는 항상 자신이 있었지만 발목을 잡았던 것은 늘 NCS였다.

게다가 '부교공'은 그동안 10과목 전부를 요구했었다.

그런데 이번엔 그 장벽이 절반이나 낮아진 것이다.

닫혀 있던 문이 절반쯤 열린 듯했다.

'한번 해 볼까?'

오랫동안 주저앉아 있던 도전의지가 다시 몸을 일으켰다.

결심이 서자 미련도 망설임도 없었다.

'NCS 5과목'

그것은 그의 한계와 가능성이 맞닿아 있는 절묘한 지점이었다.

J는 지체 없이 응시서류를 접수했다.

2

"이번만큼은, 하나님… 부디 이번만큼은…."
M도 다시 무릎을 꿇었다.
하나님을 찾고 또 찾았다.
이번에도 지난번처럼, 아니 그보다 더 확실하게 하나님의 응답을 받고 싶었다.
아니, 받아야만 했다.
간절히 소망하며 기도의 자리에 나아가고 또 나아갔다.
그러나…

이상하게도 이번엔 기도가 잘 되지 않았다.
마음은 산만해지고 생각은 흩어졌다.
한 줄기의 집중도 모이지 않았다.
기도를 마치면 온몸의 힘이 빠지고 어깨가 무겁게 내려앉았다.

'왜 이러지?
이러면 안 되는데…'
'혹시 하나님의 응답이 아닌 걸까?'
'그렇다면 K회사 때 주셨던 그 말씀은 뭐였을까?'

M은 여전히 그때의 응답이 하나님의 약속이라고 믿고 있었다.
하지만 지금, 기도가 공허하게 흩어지자 믿음에 작은 균열이 생겼다.

의심이라는 그림자가 슬그머니 다가와 그의 마음을 흔들기 시작했다.

그러던 어느 날,
함께 기도하던 아내가 조심스럽게 말했다.
"여보, 이번엔 하나님이 J를 합격시켜 주실 것 같아요."

그 말에는 묘한 힘이 있었다.
M의 눈이 커졌다.
아내가 말을 이었다.

"기도할 때 처음엔 '합격하게 해 주세요.'라고 기도했어요.
그런데 며칠 지나니까 '합격할지어다!'라는 말이 나오더라고요.
그리고는 저도 모르게 '합격시켜 주셔서 감사합니다.'가 튀어나왔어요.
하나님이 해 주시려는 것 같아요."

그 말은 깊은 기도의 응답처럼 들리기도 했고, 성령의 인도하심 속에서 나온 예언 같기도 했다.
이번에는 하나님께서 아내를 통해 말씀하시는 듯했다.

M의 영혼이 즉각적으로 반응했다.
"아멘!"

3-5. 신실하신 하나님

1

시험일은 어김없이 다가왔다.
수많은 지원자가 저마다의 전략과 열심으로, 준비한 만큼의 결과를 맞이할 것이다.
그들 중에 J도 있다.

시험장으로 향하는 공기는 묵직했다.
누구 하나 말을 하지 않았다.
단단한 결심이 눈빛에 어려 있었고, 마치 전장에 나서는 병사들처럼 보였다.

시험장 안에는 이미 도착한 응시자들이 자리에 앉아 있었다.
형광등 불빛 아래 잘 정돈된 책상들이 폭풍 전의 고요함을 지켜내고 있었다.
감독관의 시선이 그 고요함 위에 묵직한 압박감을 얹었다.

찌르릉~
드디어 시험 시작을 알리는 벨이 울렸다.
모두의 고개가 시험지 위로 숙여지고, 시선이 문제에 꽂혔다.

J도 숨을 고르며 문제에 몰두했다.
신중하면서도 신속하게, 과감하면서도 차분하게, 마지막 문제까지 모든 에너지를 쏟아냈다.
긴장과 집중의 순간이었다.
그 위로 M과 아내의 기도가 흐르고….

그날 밤, 시험을 마친 J는 깊은 잠에 빠졌다.

2

이제 발표일까지는 숨죽이는 기다림뿐이다.
J의 손은 무의식중에 합격자발표 앱을 향하곤 했다.
합격과 불합격, 그 두 단어가 머릿속에서 오갔다.
밤이 되면 어느새 시험지를 다시 풀고 있었다.
3번이었나? 4번이었나?
잊으려 해도 한 문제의 기억이 자꾸 되살아났다.
초조함은 점점 커졌다.

M도 마찬가지였다.
"하나님, 이번에는 붙여 주셔야 합니다. 아니, 붙여 주실 줄 믿습니다."
그것은 단순한 바람이 아니라 확신이었다.
마치 선포하듯 말했다.
"하나님께서 J를 반드시 합격시키실 것입니다!"

'두 마음을 품지 말라.'는 말씀을 떠올렸다.
그래, 믿고 맡기자.
결과를 초조하게 기다리는 대신, 하나님이 이미 응답하셨음을 믿기로 했다.

발표일이 다가올수록 J의 표정은 굳어졌다.
M의 마음도 요동쳤다.
혹시 이 아이가 또 무너지면 어쩌지?
그러나 스스로를 다잡았다.
하나님은 신실하셔서.
반드시 약속을 이루실 거야.

3

그러던 어느 날이었다.
햇볕은 유난히 따가웠고, 여름이 성큼 다가오고 있음을 알리는 듯 땅을 달궜다.
마트를 향해 달리는 차 안은 에어컨이 시원한 바람을 내뿜으며 적당한 온도를 유지하고 있었다.
계기판 시계는 오전 11시를 막 넘기고 있었다.
운전석에 앉은 M과 옆자리의 아내는 별것 아닌 일상 이야기로 조곤조곤 대화를 이어 갔다.
그런데 뒷좌석의 J는 달랐다.
늘 좋아하던 음악도 켜지 않은 채, 고개를 숙이고 휴대폰만 만지작거리며 묘하게 조용했다.

눈빛은 흔들렸고, 때때로 가늘게 뜬 눈으로 화면을 확인하는 모습에서 긴장감이 묻어났다.

그러던 순간, J의 입술이 바짝 다물리더니 손가락으로 휴대폰 화면을 꾹 눌렀다.

몇 초간 정적이 흘렀다.

그리고 곧, 차 안을 가르는 괴성 같은 고함이 터져 나왔다.

"엄마아아──!!"

앞자리에 앉아 있던 M의 아내는 깜짝 놀라며 그대로 굳어 버렸다.

가슴이 철렁 내려앉았다.

'혹시 오늘이 발표일?'

순간, 그녀의 뇌리를 스친 것은 K회사 발표 날의 기억이었다.

이번에도 불합격이라면 그 충격은 감히 상상하기조차 어려웠다.

M도 무의식적으로 귀를 쫑긋 세웠다.

운전대를 잡은 손바닥에 땀이 배어 나왔다.

온몸이 긴장에 묶인 채 J의 다음 말을 기다렸다.

차 안은 단숨에 숨 막히는 침묵으로 가라앉았다.

"붙었다아아──!!"

J가 아이처럼 팔딱 뛰며 외쳤다.

"와아――!!"
M과 아내가 동시에 환호했다.
기쁨과 웃음이 얼굴 가득 번졌다.

기도는 허공에 흩어지지 않았다.
하나님은 듣고 계셨고, 응답하셨다.

J는 이번 시험에서 전공과목을 과감히 내려놓고 NCS만 파고들었다.
하나님께서 그에게 전략과 지혜를 주신 것이다.
M은 눈물로 감사했다.
"하나님, 감사합니다, 오직 당신의 은혜입니다."

4

이제 마지막 관문, 면접이 남았다.
필기합격자 22명 중 단 8명만이 최종 합격할 수 있다.
M과 아내는 다시 기도에 매달렸다.

면접 당일, 대기실에서 J는 숨을 고르고 있었다.
떨어지면 어떡하지?
손이 떨렸다.
대기상태의 긴장이 온몸을 휘감았다.

J는 6조의 가운데 자리였다.
먼저 질문을 받은 16번 응시자가 긴장에 몸을 떨면서 말을 더듬었다.
그 모습을 본 J는 깨달았다.
'아! 나만 떨고 있는 게 아니구나.'
그러자 이상하게도 마음이 놓였고, 긴장이 사라졌다.
일부러 하고 싶어도 할 수 없는 안도감이었다.
하나님께서 돌보시는 것이 분명했다.

드디어 질문이 J에게로 향했다.
그의 목소리는 또렷했고, 답변은 흔들림 없이 자신감에 차 있었다.
면접은 차분하게 마무리되었다.

이제 남은 건 최종합격발표 단 하나,
가슴 졸이는 나날들이다.

그리고…
"어?, 어?!"
"엄마! 엄마아~~"
"됐어! 됐다고!!"

"와아~!"
환호와 감사가 터져 나왔다.

이번 합격은 하나님이 하신 일이었다.

하나님은 약속을 이루시기 위해 출제방식을 바꾸셨고, J의 도전의지를 일으키셨으며, NCS로 승부를 거는 지혜도 심어 주셨다.

면접 때에도 긴장하지 않도록 마음을 지켜 주셨다.

기도의 흐름 속에서 하나님은 하나님의 때에 하나님의 방법으로 일하셨다.

"하나님, 당신이 하셨습니다."

신체검사까지 무사히 마친 J는 마침내 그토록 바라던 공기업 최종합격통지서를 손에 쥐었다.

3-6. 오직 하나님께 영광

1

돌이켜보면 그 시작은 단순했다.
"왜 기도하지 않니?"
그 말씀은 질책이 아니라 기도를 일으키는 불씨였고, 하나님께서 합격시켜 주시겠다는 응답이었다.
그것은 하늘을 향해 울려 퍼진 간구였고, 믿음을 시험하는 현장이었다.

믿음은 바라는 것들의 실상이요, 보이지 않는 것들의 증거니....(히 11:1)

M은 그 약속을 붙잡고 K회사 합격을 마음에 품으며 기도에 들어갔다.
비록 결과는 불합격이었지만 그것은 '더 좋은 것'을 위한 예비단계였다.
하나님은 불안과 염려마저 내려놓기를 원하셨고, 마음 깊은 곳까지 비워 깨끗하게 하시기를 바라셨다.
선포기도의 실패 속에서도 담대함을 잃지 않게 하셔서 기도의 깊이와 믿음의 성숙을 더해 주셨다.
아내 또한 그 시간 동안 영적인 기도의 도약을 경험했다.

J는 그 모든 과정 속에서 '완전한 내려놓음'을 배워야만 했다.
자신의 뜻과 계획은 무너졌고, 의지는 바닥까지 떨어졌다.

그러나 바로 그 자리가 하나님의 뜻이 드러나는 골짜기였다.

'NCS 10과목에서 5과목으로 변경.'
이것은 단순한 변경이 아니었다.
하나님께서 합격을 약속하시고 그 약속을 이루시기 위하여 일으키신 사건이었다.
"합격을 선포하라."고 하셨을 때 그 말씀 앞에서 두려움이 있었다.
하지만, 결국 순종할 때 하나님은 '더 좋은 것'을 주시기 위한 길을 이미 예비하고 계셨던 것이다.
시험의 구조를 바꾸신 분도, 길을 열어 주신 분도, 사람이 아니라 하나님이셨다.
그분은 살아 계시고, 말씀하신 것을 반드시 이루시는 신실한 분이시다.
이 모든 과정은 결국 하나님께서 자기 이름의 영광을 드러내신 것이었다.

약속을 이루시는 하나님,
말씀대로 행하시는 하나님,
그분의 은혜와 신실하심을 다시 한번 깊이 고백할 수밖에 없습니다.
바라옵기는 이 은혜가 J의 마음에 작은 씨앗처럼 떨어져 훗날 풍성한 열매를 맺게 되기를 바라고, 원하고, 소망합니다.

2

부교공―.

부산권역의 여러 공기업 중에서도 많은 이들이 가장 선망하는 곳 중 하나이다.
지하철을 운영하는 회사이기에 모든 근무지가 지하철과 연결되어 있다.
특히 J가 발령받은 근무지는 집에서 단 한 정거장 거리였다.
마치 하나님께서 친히 그 길을 다듬으신 듯 단순한 출퇴근이 아니라 '삶의 여유'를 선물하신 것이다.

만약 K회사에 합격했다면 어땠을까?
아마 외곽지 근무지로 매일 긴 시간을 오가며 고단한 하루를 보냈을 것이다.
자가용 없이는 출퇴근이 어려웠을 것이고, 그 시간은 곧 피로의 또 다른 이름이 되었을 것이다.

뒤돌아보니 그동안의 수많은 불합격조차 모두 의미가 있었다.
그것들이 없었다면 이 최상의 자리로 올 수 없었을 것이다.
부교공은 하나님께서 예비하신 최적의 환경이자 가장 완전한 자리였다.
하나님은 한 치의 오차도 없이 그 길을 계획하고 계셨던 것이다.

하나님,
이 모든 여정을 통해 당신이 얼마나 신실하신 분인지 배웠습니다.
낙심한 자에게 위로를 주시고, 무너진 자에게 다시 일어날 힘을 주시며, 고통의 밤을 지나 찬란한 아침을 맞게 하신 하나님을 찬양합니다.

이 모든 길, 이 모든 시간, 하나님이 하셨습니다.

오직 하나님께만 이 영광을 올려드립니다.

우리 구주 예수 그리스도의 이름으로 기도드립니다. 아멘.

4장.
벼랑 끝의 찬양

4-1. 걱정근심 덩어리

마치 거대한 장인이 오랜 세월 정교하게 깎아낸 듯 날카롭고 차갑게 솟구친 바위 절벽들이 서로를 마주보며 버티고 서 있다.
그 틈새는 천길 낭떠러지.
아래는 끝이 보이지 않는 검은 심연이다.
어떤 빛도 스며들지 못하는 곳.
바닥은 존재하지 않는 듯 아득하다.
깊이 또한 인간의 감각으로는 헤아릴 수 없다.
마치 끝없는 공허가 입을 벌린 채 그를 집어삼킬 준비를 하고 있는 듯하다.

그곳은 단순한 바위 협곡이 아니었다.
세월의 퇴적처럼 마음속에 켜켜이 쌓여온 두려움과 근심, 무너진 자존심과 내면의 상처, 그리고 외면했던 모든 불안이 뒤엉켜 형성된 '감정의 골짜기'였다.
한 발짝만 헛디뎌도 형체조차 남기지 못할 것 같은 공포가 진득하게 드리워져 있다.

그 벼랑 끝에 M이 홀로 서 있다.
발밑에서는 낭떠러지가 거대한 무저갱처럼 벌어진 입을 드러내며 마치 그가 떨어지기만을 기다리고 있는 것 같다.
만약 그 순간 발이 미끄러진다면 심연은 기다렸다는 듯 그를 삼켜 두려움과 걱정으로 엮어진 자신들의 어두운 세계에 가둬 버릴 것이다.
그러면 그곳에서 꼼짝도 못하고 이리 저리 헤매다가 모든 것이 끝나 버릴 것이다.

그런데 그 협곡을 가득 메우고 있는 것은 놀랍게도 자신의 '걱정덩어리'들이었다.
수를 셀 수조차 없을 만큼 많았다.
머리카락처럼 가늘고 질긴 실들이 끝없이 이어지며 실타래같이 얽히고 또 얽혀 미로를 이루고 있었다.
얽힘은 단순하지 않았다.
수백, 수천 겹이 겹쳐져 마치 살아 있는 생명체처럼 꿈틀거렸다.
그 사이의 틈새를 근심의 안개가 메우고 있었다.
차갑고 눅눅한 기운이 골짜기를 가득 채워 숨조차 가쁘게 만들었다.

M은 자신에게 걱정이 있다는 사실을 부인한 적은 없었다.
그러나 그 양이 이토록 많으리라고는 상상하지 못했다.
발아래 가득 쌓인 실타래의 바다를 내려다보며 그는 절망한다.
'내 안에 이렇게나 많은 걱정 근심이 있었단 말인가?'
인정할 수밖에 없었다.

그는 직감한다.
'이 실타래를 풀어야 한다.
그렇지 않으면 나는 아무것도 할 수 없다.

한 발짝도 앞으로 나아갈 수 없고, 인생은 결코 자유로울 수 없다.'
내면의 목소리가 분명하게 경고하고 있었다.
이 엉킴을 풀지 않고서는, 어떤 돌파도, 어떤 변화도, 어떤 새로운 길도 있을 수 없음을.

그는 결심한다.
'그래, 풀어 보자.'

그러나 막상 손을 뻗자 곧 주저앉는다.
어디서부터 시작해야 할지 감조차 잡히지 않는다.
실마리조차 보이지 않는다.
이곳은 끝없는 미로였다.
풀려고 하면 할수록 더욱 단단히 조여들고, 또 다른 매듭이 생겨났다.
풀 수 없다는 무력감이 그를 더 깊이 짓눌렀다.
'왜 이것 하나 풀지 못하는가?'
억울한 절망이 심장을 죄어오고, 가슴 깊은 곳에서 숨 막히는 아픔이 치밀어 올랐다.

내면에서 속삭임이 스며든다.
차갑고 조롱하는 듯한 목소리.

"풀려고 하지 마.
아무도 그것을 풀 수 없어.

풀려고 하면 할수록 무기력한 너 자신에 대한 증오만 커질 거야.
넌 아무것도 할 수 없어."

순간, 또 다른 목소리가 힘 있게 울려 퍼진다.
칼날 같은 선명한 음성.
"하나님이 계시잖아! 하나님을 의지해!"

4-2. 찬양의 힘

그 외침이 M의 영혼을 흔들며 깨운다.
지금까지 그는 절벽 아래만 내려다보며 어두운 내면에 갇혀 있었다.
그러나 그 외침을 듣는 순간, 처음으로 '위'를 올려다본다.
시선이 심연이 아닌 하늘을 향한다.
두 팔이 천천히, 그러나 확고하게 들어 올려지고, 손끝은 하늘을 향해 뻗는다.

입술이 떨리며 마침내 찬양이 흘러나온다.
처음에는 속삭임 같았으나 곧 흐르는 강물처럼, 마치 태초부터 그렇게 흘러야 했던 것처럼 자연스럽게 터져 나온다.

"존귀하신 주,
만유의 주,
영원토록 찬양받으시기에 합당하신 하나님…."

찬양은 곧 기도로 변한다.
기도는 다시 신령과 진정의 외침이 된다.

"나는 아무것도 할 수 없고, 오직 주님만이 하실 수 있나니…."

이제 그는 절벽 아래 얽힌 근심의 실타래를 더 이상 내려다보지 않는다.
오직 하나님을 바라본다.
오직 주님께만 시선을 고정한다.
찬양은 깊어지고, 영혼의 강물은 거침없이 흘러넘친다.

그러자 놀라운 일이 일어났으니….

협곡을 가득 채운 실타래 사이로 한 줄기 불덩이가 날아든다.
오른쪽에서 왼쪽으로, 대지를 가르는 번개처럼, 밤하늘을 가르는 유성처럼—
그 불덩이는 단숨에 협곡을 가로지른다.
그 자취마다 얽히고설킨 실타래들이 순식간에 녹아 사라진다.
머리카락이 불에 닿아 순식간에 녹아 버리는 것 같다.
근심의 안개도 함께 자취를 감춘다.

M은 숨을 삼킨다.
장엄한 광경이 눈앞에서 펼쳐진다.
그리고 무의식적으로 외친다.

"우와~ 성령의 불!"
"송축하라, 하나님을!"

그가 풀 수 없었던 근심의 실타래였다.

그러나 하나님은 '찬양'이라는 도구를 통해 단번에 태워 없애셨다.
인간의 힘으로는 불가능했으나, 하나님의 불 앞에서는 어떤 걱정도, 어떤 두려움도 설 자리가 없었다.

그는 깨닫는다.
찬양은 단순한 노래가 아니다.
삶의 모든 순간에, 하나님께만 올려드리는 영혼의 고백이자 믿음의 선포이다.

음정이 맞지 않으면 어떤가?
가사가 틀리면 어떤가?
박자가 어긋나면 또 어떤가?
하나님이 받으신다면, 그 어떤 노래보다 아름답지 않은가?

찬양은 절망의 협곡에서 하나님을 향해 다리를 놓는 믿음의 행동이었다.
그분의 능력은 인간의 무력함 속에서 오히려 더 빛나고, 더욱 강력하게 드러난다.

M은 두 팔을 높이 들고 외친다.
"신실하신 하나님을 찬양합니다! 할렐루야!"

그의 찬양은 이제 한 줌의 목소리가 아니다.
그것은 자유의 외침이요, 해방의 선포였다.

벼랑 끝에 서 있던 그의 영혼은 마침내 날개를 달았다.
협곡의 어둠은 더 이상 보이지 않았다.
심연도, 얽힌 실타래도 사라졌다.
남아 있는 것은 오직 감사와 기쁨의 노래, 주님을 향한 찬양뿐이었다.

5장.
자연 찬양대

5-1. 만물이 주를 찬양

하루 종일 머릿속이 복잡하다.
무엇을 어떻게 했는지조차 희미하다.
종이 위에 수없이 흩뿌려진 글자들, 그 글자 사이로 오가던 사람들의 얼굴, 반복되는 대화와 서류 처리, 전화와 회의가 끝없이 이어졌다.
정신은 산만하고, 몸은 무겁게 눌려 있다.
모든 것이 다 지나가고 난 뒤의 하루,
남은 것은 고요 속의 차 한잔이다.
종이컵에서 피어오르는 따뜻한 김은 오늘 하루의 소음을 잠시 감싸 주듯 사라져 간다.

동료가 다가와 퇴근인사를 건넨다.
늘 함께 부대끼며 일해 온 사람.
큰 말은 없지만 언제나 곁을 지켜 주는 고마운 존재다.
그의 가벼운 손짓 속에는 하루의 무게를 함께 나눈 동료애가 스며 있다.
M도 미소로 답하며 가볍게 손을 흔든다.

한 모금 더 들이키자 종이컵이 바닥을 드러낸다.
이제 떠날 시간이다.
책상 위를 정리하고, 자리에 남은 흔적을 한 번 더 확인한다.

사무실 문을 닫고 잠금장치를 가동시킨다.
보안시스템이 특유의 전자음을 내며 깨어난다.
"뚜우— 뚜우— 뚜우—."
그 소리가 오늘 하루도 수고했다는 위로처럼 들린다.
내일 다시 오라는 격려 같기도 하다.
M은 잠시 멈추어 그 소리에 미소 짓는다.
그리고 낮은 목소리로 속삭인다.
"내일까지… 안녕."

도심의 불빛이 점점 멀어진다.
차가 금정산 자락으로 접어들자 건물의 불빛은 하나둘 사라지고, 대신 어둠이 깊게 내려앉는다.
그 불빛은 어둠 속에서도 쉴 수 없는 사람들의 흔적이다.
무엇이 그리도 바쁜지, 아니 어쩌면 그렇게 바쁘지 않으면 안 되는 세상인지 모른다.

차창을 열자 산의 나무를 타고 불어오는 밤공기가 시원하게 스며든다.
맑은 바람은 온종일 뒤엉켰던 생각들을 쓸어내리듯 "쏴아—." 하고 소리를 낸다.
바람소리는 단순한 자연의 움직임이 아니라 마음의 먼지를 털어내는 하나님의 손길 같다.
깊숙한 곳까지 맑은 물결이 스며드는 듯 복잡했던 마음이 조금씩 맑아진다.

꼬불꼬불 이어지는 산길, 급커브를 만나자 속도를 줄인다.
도심에서는 느낄 수 없는 시간의 흐름이다.
바쁜 손끝에서 흘러가던 시계는 이곳에서 마치 멈춰 있는 듯하다.
비포장도로가 나타난다.
이 길의 끝자락에는 '가나안수양관'이 있다.
언덕 너머에 숨어 있어 넘기 전까지는 전혀 보이지 않는다.
그러나 신기하게도 그곳은 언제나 은혜의 장소가 된다.

언덕을 넘어서는 순간 풍경이 달라진다.
집회가 있는 날이면 온 산이 찬양과 기도의 열기로 진동한다.
그런데 오늘은 의외로 고요하다.
아마 집회가 없는 날인 듯하다.

차에서 내리자 바람을 타고 기도와 찬양 소리가 들려온다.
어딘가 바위 틈에서 홀로 기도하는 이들의 소리일 것이다.
아무도 모르는 자리에서 하나님과 은밀한 대화를 나누는 영혼들, 그들의 목소리가 어둠을 뚫고 산자락에 울린다.

귀가 쫑긋해진다.
'저토록 기도에 열심히라니….'

아직 이른 밤인데 저 사람들은 언제부터 이곳에 와 있는 것일까?
하나님께 나아가려는 그 순전한 마음이 참으로 귀하다.

감동이 밀려오는 동시에 마음 깊은 곳이 흔들린다.
스스로를 향한 물음이 잇따른다.
'나는 얼마나 감사와 찬송, 기도의 시간을 가지고 있는가?
말씀 안에서 얼마나 호흡하며 살아가고 있는가?
그분의 은혜 안에서 얼마나 기뻐하고 있는가?'

기도 소리를 따라 산길을 오른다.
발걸음이 무거우면서도 은근한 기대가 실려 있다.
얼마쯤 오르자 달빛에 환히 드러난 평평한 바위가 눈에 들어온다.
어제까지 누군가 기도의 눈물을 흘렸던 자리일 것이다.
그러나 지금은 오직 달빛만이 그 자리를 차지하고 있다.
어둠 속에서 은은히 빛나는 달빛은 마치 그 자리가 이미 거룩히 구별된 제단임을 드러내는 듯하다.

"오늘은 이곳이다."

그는 그 바위를 기도의 자리로 삼는다.
바람이 알맞게 불고, 별빛은 숨죽여 반짝인다.
숲과 나무, 바람과 별이 마치 한마음으로 기도를 돕기 위해 숨을 고르고 있는 듯하다.
두 손을 모으고 눈을 감는다.
깊은 호흡 속에서 찬양의 선율과 기도의 울림이 서서히 흘러나온다.

얼마나 시간이 흘렀을까?
문득 눈을 뜬다.
놀라움에 사로잡힌다.

보라, 만물이 주를 찬양하고 있도다!

숲이 울리고, 산이 숨 쉬며, 바람이 춤추고, 나무가 손을 들어 송축한다.
달과 별이 천사처럼 반짝이며 경배를 올리고 있다.
나뭇잎은 음표가 되어 바람에 흩날리고, 풀잎은 춤을 추며 리듬을 더한다.
숲과 산, 바람과 달, 별까지도 모두가 하나의 거대한 관현악단이 되어 주를 찬양하는 순간이다.
장엄하다.

그 놀라운 화음 속에서 그도 더 이상 홀로 있지 못한다.
두 팔을 높이 들고, 두 발로 뛰며, 영혼으로 춤춘다.
자연찬양대의 한 음표가 되고, 쉼표가 된다.
그렇게 완성된 찬양이 하늘 보좌에 닿는다.
하나님께 드려진다.

그의 내면에 남아 있던 하루의 무게가 녹아내린다.
경외가 그 자리를 채우고, 자유가 숨을 쉰다.
그 밤, 자연과 하나 된 기도를 통해 주와 하나가 된다.

"주여, 저도 이 찬양에 참여합니다.
제 삶의 모든 순간이 주께 드리는 화음이 되게 하소서."

그 기도는 숲의 어둠 속으로, 별의 침묵 속으로, 바람의 흐름 속으로 흘러간다.
그곳에는 오직 여호와 하나님만이 계신다.
모든 만물이 주를 바라본다.

그 자리에 M이 서 있다.

6장.
어느 노숙인과의 만남

6-1. 어느 노숙인과의 만남

약간 덥다.
햇살은 부드럽게 내리쬐면서도 피부 위에 따가움을 남긴다.
지난달까지만 해도 화사한 꽃망울을 터뜨리며 붉게 피었던 장미는 이미 흔적을 감추고 잎사귀 사이로 남은 꽃잎마저 바람에 흩날려 사라졌다.
계절은 그렇게 아무 예고 없이 어느새 다른 얼굴로 다가와 있다.
M은 계절의 변화 속에서 설명하기 어려운 이질감을 느낀다.
햇살이 이마에 닿을 즈음 바람이 조심스럽게 스쳐 간다.
어제까지만 해도 태풍처럼 몰아치며 나뭇가지를 휘어잡던 바람이 오늘은 순해졌다.
평화롭다.
고맙다.

바람이 잦아들자 멀리 정자에 앉아 있는 몇 명의 모습이 시야에 들어온다.
자주 바람을 쐬러 나오는 익숙한 얼굴들이다.
그들의 웃음소리가 바람결에 실려온다.
세상의 소식과 삶의 지혜, 뉴스보다 빠른 정보까지…
언제나 흥미로운 이야기들이 오간다.
오늘도 생기가 가득한 얼굴빛으로 대화가 이어지는 것을 보니 무언가 특별한 소식이 오가는 듯하다.

그들의 뒤편, 정자 구석에는 홀로 앉아 있는 한 사람이 있다.

낡고 해진 옷, 햇볕에 그을려 거칠어진 피부, 손질되지 않은 헝클어진 머리카락.

멀리서도 누구나 알아볼 수 있다.

노숙인이다.

거리에서 수많은 계절을 버텨 낸 흔적이 그의 전신에 스며 있다.

어깨는 기울고, 손등에는 굳은살이 배어 있으며, 시선은 땅에 떨어져 있다.

그 순간, M의 마음이 파도처럼 철썩거린다.

'앗, 찬스다!'

늘 주님의 마음을 품고 살기를 소망했지만 행동은 번번이 늦었다.

좋은 생각은 했으나 실천은 미뤘고, 기도는 했으나 손발은 움직이지 못했다.

그런데 지금, 뜻밖의 기회가 눈앞에 다가온 것이다.

"받는 것보다 주는 것이 복되다."는 말씀이 귓가에 살아난다.

"이웃을 돌아보라."는 주님의 음성이 심장 깊은 곳을 두드린다.

M은 결심한다.

"그래, 오늘은 미루지 말자."

"지금이 바로 은혜의 순간이다."

문득 가방 속에 챙겨 두었던 간식, 고구마 두 개가 떠오른다.

'그래, 이것을 드리자. 따뜻하게 데워서.'

나에겐 그저 간식이지만, 저분에겐 소중한 한 끼가 될 수 있지 않은가?

전자레인지에 고구마를 넣고 3분을 맞춘다.
3분이 유난히 길게 느껴진다.
혹시 그 사이에 떠나 버리면 어쩌나.
"주여, 저분을 붙잡아 주소서…."
마음은 조급해지고, 초침은 더디게 흘러가는 듯하다.

띠잉—
알람이 울린다.
따뜻하게 데운 고구마를 비닐팩에 담아 급히 정자로 향한다.
감사한 마음과 동시에 묘한 떨림이 발끝에 실린다.

고구마를 내민다.
"이것 드세요."

노숙인의 눈빛이 의아하게 흔들린다.
잠시 머뭇거리다 고구마를 집어 든다.
배고픔이 경계를 이긴 듯하다.
그런데 갑자기 고구마가 손에서 미끄러져 정자 바닥에 떨어진다.
너무 뜨거웠던 것이다.
그 놀란 표정이 우습기도 하고 안쓰럽기도 하다.
M은 마음속으로 웃음을 삼킨다.

뜨겁다고 말하지 못한 것이 미안하다.

그는 다시 조심스럽게 고구마를 집어 들어 '호호' 불며 먹기 시작한다.
한 입, 두 입.
허겁지겁 씹어 삼키는 모습에 그간 얼마나 굶주렸을지 짐작이 된다.
잘 먹는다.
그 모습이 고맙고 눈물이 날 만큼 기쁘다.

M의 마음에 다시 떠오른 것이 있다.
'물!'
고구마를 먹으면 목이 멜 것이다.
'아, 왜 그 생각을 못 했을까?'
급히 냉장고를 열어 본다.
시원하게 잘라 놓은 수박이 눈에 들어온다.
'그래, 물보다 수박이 낫겠다.'

정자로 가서 수박을 내민다.
노숙인은 잠시 M을 바라보더니 조용히 고개를 숙이며 말한다.
"감사합니다."

M은 본능적으로 "네."라고 하려다가 얼른 말을 삼킨다.
속에서 음성이 울린다.
'이건 주님이 하신 일이잖아.'

'아차, 큰일 날 뻔했다.'
다시 마음을 고쳐먹고 대답한다.

"이건 제가 드리는 게 아닙니다.
저에게 이렇게 하라고 하신 분이 계셔서 그 말씀대로 한 것뿐입니다."

노숙인의 표정이 아리송하다.
무슨 뜻인지 이해하지 못한 듯 고개를 갸웃한다.
그 순간, M은 속으로 자책한다.

'예수님을 전하지 못했어.'

그러나 다시 마음을 잡는다.
'이대로 끝낼 수는 없어.'
그때 또 다른 생각이 떠오른다.
'그래, 도시락을 드리자.'
자신의 점심으로 챙겨 온 도시락이다.
하지만 저분은 어쩌면 며칠째 굶었을 수도 있다.
도시락을 내밀자 노숙인은 묵묵히 먹기 시작한다.
비로소 주님의 사랑을 나누고 있음을 느낀다.
감사가 절로 흐른다.

그런데, 몇 숟가락 뜨던 노숙인이 수저를 내려놓는다.

"왜 안 드세요?"
"밥을 못 먹다 보니 위장이 안 좋아서 많이 못 먹어요."

가슴이 철렁 내려앉는다.
'얼마나 오래 굶었으면….'
눈물이 차오른다.
더 도울 방법은 없을까?
잠시 고민에 빠진다.
노숙자 보호센터?
그러나 당장은 어렵다.
그때 눈에 들어온 것은 먹다 남은 도시락.
두어 숟가락밖에 먹지 않아 거의 온전하다.
옳다, 이것을 싸 드리자.
이것은 지금 그가 할 수 있는 최선이었다.

도시락을 정성껏 포장해 건넨다.
"배고플 때 드세요."

그때 노숙인의 한마디가 M의 심장을 찌른다.
"갈 데가 없어요…."

방향 없이 떠도는 영혼의 목소리이다.
순간 M은 눈을 감는다.

자신도 방황하던 시절이 있었다.
그때, 자신에게도 갈 곳이 없었다.
그 기억이 겹쳐지며 가슴이 미어지고, 눈물이 맺힌다.
"주여, 어찌하오리이까…."

노숙인이 마지막으로 머리를 숙이며 말한다.
"감사합니다."
그 눈빛은 말보다 깊다.

6-2. 성령님의 말씀

그가 떠날 시간이 된 듯하다.
그러나 "갈 데가 없다."는 말이 자꾸 귓가를 맴돈다.
이대로 보낼 수 없다는 생각이 계속해서 가슴을 두드린다.

지갑을 열어 본다.
얼마 안 되는 돈이 들어있다.
잠시 주저한다.
이 적은 돈이 무슨 힘이 되겠는가?
그러나 자신에겐 적어도 저분에게는 큰 도움이 되리라는 것에 생각이 미친다.
돈을 모두 쥐어 준다.
'나보다 이분에게 더 필요하리라….'

노숙인의 눈이 휘둥그레진다.
놀람과 감격이 동시에 번져 간다.
M은 마지막 말을 건넨다.
"이 세상에 소망을 두지 마시고, 하늘의 소망을 가지세요."

노숙인은 잠시 M의 눈을 깊이 들여다본다.
말은 없지만, 그 눈빛은 말보다 강렬하다.

그러나 M의 마음이 다시 흔들린다.

'예수님을 또 전하지 못했어….'

그 순간, M의 가슴 속 깊은 곳에서 분명한 음성이 들려온다.
"저 영혼이 네 영혼보다 더 순수하단다."

아, 성령님!

M은 단번에 말씀하신 분이 성령님인 것을 알아차린다.
성령님의 말씀이 바늘처럼 날카롭고, 빛처럼 분명하게 마음을 꿰뚫는다.
세속에 물든 자신의 민낯이 드러난다.
부끄럽다.
그리고 감사하다.

오늘의 만남은 우연이 아니었다.
하나님께서 예비하신 역사였다.
그 노숙인은 하나님께서 M을 회개와 사랑으로 이끄시기 위해 보내신 귀한 존재였다.

M은 고개를 숙여 기도한다.
"오, 주여… 감사합니다…. 저를 불쌍히 여기소서…."

이제 그는 더 자주 자신을 돌아보기를 소망한다.
작은 일에도 하나님의 손길을 느낄 수 있기를 기도한다.
누구든지 하나님이 창조하신 귀한 존재로 볼 수 있기를, 그러한 마음으로 살아가기를 진심으로 간구한다.

7장.

M의 시편

주님 전상서

주님
저녁이 붉게 물들고
세상의 숨결이 가라앉습니다

조용히 눈을 감고
당신 십자가를 떠올립니다

오늘도 빛을 향해 손을 뻗지만
험한 바람에 꺾입니다

소망은 작아지고
기도는 떨리며
세상 한복판에서 길을 잃습니다

주님
지친 걸음으로
당신 앞에 엎드립니다

광야를 맨발로 걸으며
슬픔을 삼키고

희미한 빛 하나만 바라보며 견뎌 왔습니다

그러나
흩어진 모래알처럼
제 힘으로는 설 수 없었습니다

바람 부는 들판 위를 떠도는 깃털처럼
흔들리고
휘청이며
눈물 속에서 당신 이름을 부릅니다

당신 발아래 먼지처럼 눕습니다
모든 허물을 벗고
벌거벗은 영혼으로
당신 품에 안기고 싶습니다

당신 사랑 안에서 숨 쉬고
당신 눈빛 속에서 별이 되고 싶습니다

당신 십자가 뿌리에 심긴 나무처럼
굳건히 서고 싶습니다

저를 꺾으시고

흩으시고
다시 빚으소서

상처 난 마음 위에
당신 은혜가 스며들고
찢긴 가슴 위로
당신 평안이 흐르게 하소서

주님
아무것 없어도
당신 하나면 족합니다

오늘도
내일도
영원히
저의 소망
저의 사랑
저의 생명이십니다

기도

광막한 대지 위에
오솔길 하나
조심스레 그어집니다

그 길은
아무도 대답하지 않는 문을 향해
밤마다 맨발로 다가가는
걸음의 자취

대답 없는 두드림 끝에
꽃잎 하나, 숨소리처럼 떨어져
말없이 저물고

그 소멸조차
누군가의 기다림처럼 애틋합니다

달빛이 스며듭니다
연기처럼 피어올라
무언의 찬송처럼 퍼지며
고요한 영혼의 숨결로

하늘 끝을 물들입니다

그 빛은
세상의 외침이 닿지 않는 곳에서
속삭임조차 눈물인 자에게
은밀히 말하는 거룩한 침묵

거기서
오직 기다림만이
불꽃처럼 번집니다

주님, 당신은

주님, 당신은
저에게 광명이십니다

어둠을 헤치고
영혼 깊은 곳에
찬란한 빛을 비추시는
유일한 희망이십니다

눈부시지 않으나
모든 어둠을 꿰뚫는
조용하고 위대한 빛

교만을 사르고
상한 심령을 부드럽게 품으시는
거룩한 안식처이십니다

메마른 광야에도
생명의 싹을 틔우시고
꺼져가는 심령에도
믿음의 샘을 열어 주십니다

주여,
오늘도
해는 서쪽으로 기울고
달과 별은 머리 위를 스칩니다

수많은 생명들이
고단한 하루를 마주할 때
저는 당신 앞에 무릎을 꿇습니다

주님, 당신은
외로운 자의 등불
깊은 슬픔 속의 기도
고난의 길을 인도하는 손길이십니다

무너진 시온을 붙드시고
쓰러진 십자가를 세우시며
흩어진 심령을 모아
다시 사랑하게 하십니다

삭막한 마음에는 풍요를
거친 영혼에는 평화를
아픈 심령 위에는
따뜻한 손길을 내미십니다

방황하는 이에게는 등대가 되시고
모든 것을 맡긴 이에게는
견고한 반석이 되어 주십니다

주님의 이름으로 살아가는 이들에게
영원한 보금자리가 되어 주시고
변함없는 사랑으로
끝까지 품어 주소서

주님, 당신은
전능하신
나의 주

나의
하/나/님

붙드시는 사랑

즐거워함은
주 함께하심이라

상한 심령 위에도
깊은 고통의 골짜기 속에도
웃음이 피어오른다
주 예수 굳게 붙드시네

오호라
기쁨이 샘솟도다
꿈길을 걷듯 감미로운 음성
하늘 가득 울려 퍼지고
목자의 부르심 따라
환희의 걸음 옮기네

주님
사랑의 주님
진정 고마운 사랑

헛되고 헛된 세상 중에

참되신 오직 하나
죽음마저 이기신
영원한 이름이여

하나님
거룩하신 하나님
붙드소서
고요히 품으소서

주님의 상처 안에
숨겨 주소서

상한 심령의 흐느낌을
주여 들으시고
부드러운 손길로 위로하소서

성령

눈을 감는다
병든 마음
하늘 숨결 속으로 스며든다

숱한 풍파
모든 고뇌
하늘 선물 안에서 조용히 사라진다

지친 영혼
새로움으로 노래하게 하시니

평화여
생명의 노래여
진리의 빛이여

인자의 걸음으로
하늘을 열어

내게 비치시는
뜨거운 사랑이여

에덴

따스한 빛이 어깨를 어루만진다
맨발로 선 몸
무지개의 물비늘을 밟으며
은밀히 숨 쉬는 정원의 언덕을 넘는다

한 줌의 흙
축복을 토해 내는 숨결처럼
하늘 높이 흩어지고

썩어지기를 바라는 심장이
가슴 찢기는 길 위에
눈물처럼 뿌려져
땅을 적신다

백의의 노래가 흘러나온다
무한히 부어지는 사랑
숨 막히는 오늘을 껴안고
빛 쏟아지는 동산을 향한
애틋한 걸음

아득히—
흙과 숨결
눈물과 노래가 뒤섞여
서서히 열리는
문 하나

당신의 나라

당신의 나라
보이지 않는 숨결 따라
빈 공간마다 피어납니다

고요한 대지 위에
말없이 퍼져 가는 평화
스며드는 그리움 속에서
이전엔 알지 못하던 기쁨이 싹트나이다

하늘의 영광이
이 작은 심장을 두드리고
부드러움에 감싸인 채
생명의 강 따라 흐릅니다

영원한 평화
당신이 계신 그곳에
나 또한 머무나니

오늘도 떨리는 심령으로
감사의 향기를 올리며

호산나
호산나—

주여
넘치는 사랑으로
메마른 가슴에
당신의 나라를 창조하소서

감미로운 음성으로
무한히 채우소서

이슬비 기도

주여
이슬비 사이로
당신 얼굴을 그립니다
세상이 감춘 빛을
눈물로 붙잡습니다

속 태우는 기도 속
여린 심령, 엎드리오니
주의 손길로 만져 주소서

주님 은혜는
안개꽃처럼 피어나
어둠 끝, 미명 아래
소망으로 일으키시니

침묵의 골짜기
잊히지 않게 하시고
깊은 새벽에
내 영혼을 안아 주소서

작은 고백도
향기로 받으시고

이 삶도
주의 찬양 되게 하소서

그리움

문을 열면
차가운 어둠이
마음의 뜨락까지 밀려듭니다

세월은 조각난 돌처럼
길 위에 흩어지고
위로 없는 밤이
유난히도 밝습니다

그림자 하나, 십자가처럼 서면
섬돌 아래 무릎 꿇는 마음
당신은 아십니까?

망부석이 된 심령은
또 다시 별을 올려다보며
그림자를 쫓습니다

영혼과 육체는
찢긴 그리움으로
불타는 심지 되어

오늘도 흔들립니다

그러나 기도합니다
모든 것이 재가 되어도
이 기다림이
드려지는 예배가 되게 하소서

불속이라도 좋습니다, 주여
단 하나
오직
당신만 오신다면—

순백의 영혼

오늘도 나는
깊고도 고요한 포옹 속에 몸을 맡깁니다

밀려드는 강물처럼
밤은 끝없이 이어지고
가을 풀잎처럼
영혼은 시들어 흩어집니다

타는 목마름은
끝없이 펼쳐진 사막의 숨결
부서진 날개 사이로
꺾인 심장이 흘린 희미한 빛

길 없는 길 위
부서진 달빛 따라 걸으며
텅 빈 바람 속에서
그 빛에 기대어 있습니다

달은 유난히 밝고
숨죽인 절규가

하늘을 떨리게 하지만
님의 속삭임은
흰 별빛 사이로 은밀히 흐릅니다

님이여
순백의 영혼
내 안에서
다시 숨 쉬게 하소서

당신 안에서
다시
새로워지게 하소서

고백

주님
당신이 계시기에
이 땅의 고난 이겨낼 수 있습니다

슬픔과 시련이 겹칠지라도
당신의 손길이 끝까지 붙드시니
절망 속에서도 굳게 섭니다

상처투성이 일지라도
아픔과 깨어짐조차
당신의 영광을 위한 제물이 되게 하소서

남은 삶
남은 눈물까지도
기쁘게 받으소서

감사와 사랑

감사합니다
이 생명 주심에
눈물로 고백합니다

사랑합니다
십자가의 그 사랑
이 죄인 위해 베푸신 은총

감사와 사랑을
오늘도 내 삶의 제단 위에
향기로운 제물로 올립니다

이 제물이
누군가의 눈물을 닦고
누군가의 마음에 빛이 되게 하소서

감사합니다 주님
사랑합니다 주님
이 입술의 작은 노래가
하늘을 울리고

땅을 적시는

하나님의 축복 되게 하소서

한 줌의 흙

나는 한 줌의 흙입니다
주의 손으로 빚으신 흙
생기를 불어넣으시고
살게 하신 주님

비가 내려도
주를 기다리고
눈이 내려도
주를 찬양하나이다

작은 생명도 품게 하신
주의 은혜
넘치나이다

나는 주의 흙
주의 뜻을 이루는 흙

밟혀도 좋으니
주의 숨결 따라
꽃이 피고

열매 맺으며
주의 길 되게 하소서
숨겨져도 좋으니
주의 뜻 이루소서

나는 흙입니다
주님 품에 안긴
한 줌의 흙

주와 함께 살아 감사하는
주 뜻대로 빚어지는
흙입니다

따르리

환희의 웃음이랴
기쁨의 웃음이랴
내 어이 떠나 있으랴

웃으며 흩어지는 낙엽의 인생이
제 할 일을 다했다고 하건만
내 어이 낙엽을 따를 수 있는 자세랴

어헤라
기쁨이 쏟아지네
이 내 가슴에

무고한 삶을 변화시킬 수 있는 것을
내 어이 기쁘지 않으며
내 어이 웃지 않으리

따르리
따르리
삶의 십자가 지고서
환희의 웃음을 지니고서

내 어이야 따르리라

그 낙원의 동산까지

이것이 '나의 시편'입니다

주님,
나의 하나님
나는 작고 흔들리는 갈대였습니다
말 한마디에도 상처받고
바람 앞에 서 있는 등불처럼 위태롭던 날들이었습니다

그러나 주님
당신은 나를 꺾지 않으셨고
꺼져가는 심지를 끄지 않으셨습니다

나는 버려진 돌 같았으나
주님은 그 돌을 모퉁잇돌로 삼으셨습니다
아무 쓸모없다 여겼던 내 삶을
주의 손으로 다시 지으셨습니다

슬픔의 날에는 나를 안으셨고
침묵의 날에도 나를 버리지 않으셨습니다
외로울 때에도, 생 과 사 의 순간에도, 절망의 새벽에도
주님의 숨결은 내 곁에 있었습니다

사람들은 알지 못합니다
눈물로 흠뻑 젖은 밤들을
기도가 끊어질까 두려워
숨죽여 부르짖던 내 마음을

그러나 주님은 들으셨습니다
나의 깊은 곳에서 쏟아낸 기도의 언어를
말조차 되지 못한 한숨까지도
주께서 찬양으로 바꾸셨습니다

이제 나는 고백합니다
내가 걸어온 길은 고난의 길이 아니라
은혜의 길이었습니다

내가 부른 노래는 눈물의 노래가 아니라
소망의 노래였습니다

이것이 나의 시편입니다
이것이 주님께서 내 삶에 새기신 이야기입니다
모든 영광과 존귀
오직 주 예수 그리스도께 올려 드립니다

에필로그

사랑은 여전히 나를 기다린다.
때로는 고요히
때로는 격정처럼
그러나 언제나 그 자리에 있었다.

나는 비로소 깨달았다.
사랑은 내가 붙드는 것이 아니라
그가 나를 끝없이 붙드는 것이었다는 것을….

살아 있는 동안
고통 속에서도
기쁨 속에서도
나는 매일 그 사랑을 다시 만난다.

그리고 오늘도 조용히 부른다.

사랑아, 사랑아—

당신이 내 삶의 처음이며 끝입니다.

나의 호흡
나의 눈물
나의 기도가 당신 안에 있습니다.

사랑이여,
이제는 나도 누군가에게
그늘이 되어 주게 하소서.
그리하여
이 작은 삶도
누군가의 어두운 밤을
밝히는 등불이 되게 하소서.

*사랑아
　　사랑아*

ⓒ 여수룬, 2025

초판 1쇄 발행 2025년 11월 24일

지은이　여수룬
펴낸이　이기봉
편집　좋은땅 편집팀
펴낸곳　도서출판 좋은땅
주소　서울특별시 마포구 양화로12길 26 지월드빌딩 (서교동 395-7)
전화　02)374-8616~7
팩스　02)374-8614
이메일　gworldbook@naver.com
홈페이지　www.g-world.co.kr

ISBN　979-11-388-4969-2 (03810)

- 가격은 뒤표지에 있습니다.
- 이 책은 저작권법에 의하여 보호를 받는 저작물이므로 무단 전재와 복제를 금합니다.
- 파본은 구입하신 서점에서 교환해 드립니다.